Bar et
Cocktails
de l'essentiel à l'extravagant

Bar et Cocktails

de l'essentiel à l'extravagant

TRADUIT DE L'ANGLAIS PAR
DOMINIQUE CHAUVEAU

MODUS VIVENDI

www.modusaventure.com

JONATHAN GOODALL

Copyright © MCMXCVIII Quintet Publishing Limited.

Version française publiée par

Les Publications Modus Vivendi Inc.

3859, autoroute des Laurentides

Laval (Québec) H7L 3H7

Coordination de la production: Sabine Cerboni

Mise en pages de l'édition française: Josée Michaud

Direction artistique: Richard Dewing

Création graphique: Deep Creative, London

Chef de projet: Toria Leitch

Éditrice: Rosie Hankin

Photographe: Jeremy Thomas

Consultant: Phil Harradence

Dépôt légal: 3e trimestre 2001

Bibliothèque nationale du Québec

Bibliothèque nationale du Canada

Bibliothéque nationale de France

Données de catalogage avant publication (Canada)

Goodall, Jonathan

Bar et cocktails: de l'essentiel à l'extravagant

Traduction de: The American Bar & Cocktail Book

Comprend un index

ISBN 2-89523-058-7

1. Cocktails (Boissons). 2. Service de bar. I. Titre.

TX951.G6614 2001   641.8'74   C2001-940479-4

Note de l'éditeur: le consommateur peut faire d'autres choix de verre
ou de garniture que ceux suggérés dans les recettes.

Certaines recettes de cet ouvrage utilisent des œufs
crus. Il est cependant déconseillé aux enfants, aux
personnes malades ou âgées ainsi qu'aux femmes
enceintes d'en consommer, en raison du léger risque
de salmonelle qu'ils présentent.

SOMMAIRE

INTRODUCTION

Qu'ils soient frappés ou remués, servis tels quels ou sur des glaçons, garnis d'une olive ou d'un zeste, les cocktails sont avant tout une question de choix. Il est effectivement question de choisir comment profiter au maximum d'un moment précieux entre l'instant où l'on décompresse après une journée de travail ou le début d'une soirée de détente absolue; de décider entre des centaines de spiritueux, de liqueurs et de boissons non alcoolisées servis en milliers de couleurs et de combinaisons et aussi de choisir la compagnie dont on rêve pour partager des moments intimes à l'heure du cocktail.

Les cocktails sont aussi une question de mélanges. Pendant une réception, vous pourriez choisir instinctivement les personnes avec lesquelles vous aimeriez échanger et celles que vous préféreriez éviter simplement d'après le cocktail qu'elles sirotent... Est-ce un cocktail des plus branchés, sophistiqué ou peut-être un peu trop désinvolte? Ou est-il mousseux, voyant, pétillant, populaire, juste ce dont vous avez besoin après une rude journée?

Personne ne se souvient vraiment où ni comment les cocktails furent créés, ce qui est à peine surprenant étant donné leur contenu. Et d'où provient leur nom si original? Découle-t-il vraiment des boissons aux puissants mélanges, bues avidement durant les tournois de combat de coqs? Ou encore du nom donné aux chevaux ayant la queue taillée et le sang mêlé? D'un verre ballon nommé coquetel? A-t-il quelque chose à voir avec Xoc-tl, la très belle fille d'un roi mexicain qui servait à ses invités de diaboliques concoctions? Peut-être que le mot fut réellement inventé par les pirates de l'époque élisabéthaine qui, en amarrant près des îles Caraïbes, se faisaient offrir des boissons extrêmement fortes à base des minces racines d'une plante appelée *cola de gallo* (*cock's tail*).

Tout cela est-il vraiment important? À vous de décider... à vous de choisir.

LA TROUSSE À COCKTAILS
INDISPENSABLE

Parmi les outils qui suivent, plusieurs vous seront utiles pour concocter vos cocktails.

1 UN DÉCAPSULEUR ET UN TIRE-BOUCHON (non illustrés).

2 UN COUTEAU DE SOMMELIER: il peut remplacer le décapsuleur traditionnel et le tire-bouchon. Il comporte un tire-bouchon, un décapsuleur et un couteau.

3 UNE PLANCHE À DÉCOUPER ET UN COUTEAU ÉCONOME: afin de découper les zestes de citron et de lime.

4 DES CURE-DENTS: afin de piquer les cerises au marasquin et autres garnitures.

5 DES AGITATEURS À COCKTAILS: souvent décoratifs et laissés dans le verre pour que le buveur puisse mélanger lorsqu'il le désire.

6 UNE CENTRIFUGEUSE: utile en tout temps.

7 UN MIXEUR: nécessaire pour les différentes opérations de certains mélanges. Je vous déconseille fortement de broyer des glaçons dans un mixeur standard si vous tenez à vos lames.

8 UNE MESURE À ALCOOLS: vous pouvez toujours mesurer les doses approximativement, mais je vous recommande d'avoir une mesure à alcools. N'hésitez pas à modifier les recettes selon vos goûts.

9 UN SHAKER: les cocktails agités sont généralement plus mousseux que ceux qui sont remués, car ils contiennent plus d'air. De ce fait, ils ont aussi plus de volume. Un cocktail mélangé dans un shaker avec de la glace concassée ou pilée refroidira plus rapidement, mais risquera d'être plus dilué, car la glace, ainsi secouée, fond plus vite. Les shakers en verre peuvent remédier quelque peu à ce désagrément puisque le verre conduit moins la chaleur que le métal.

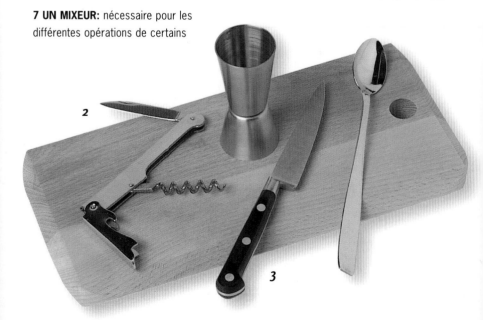

7

5

4

8

10

6

10 UN VERRE DOSEUR (non illustré) **ET UNE CUILLÈRE DE BAR À LONG MANCHE:** si vous préparez un Dry Martini par exemple, remuez les ingrédients dans un verre doseur pour que le cocktail reste clair. Mélangez peu et avec délicatesse afin d'éviter de trop diluer le cocktail et de maintenir toute l'effervescence si, par exemple, le mélange contient du soda.

11 UNE PASSOIRE EN ACIER INOXYDABLE (non illustrée): une passoire est essentielle pour que les morceaux de fruits et les glaçons ne tombent pas dans le verre lorsque vous versez votre cocktail.

12 UN GRAND PICHET: à défaut de passoire, un grand pichet d'une capacité d'environ 1,5 litre/6 tasses, avec un bec accumulateur pour retenir les particules indésirables.

13 UN SIPHON D'EAU DE SELTZ: une bouteille utilisée pour faire de l'eau gazéifiée, qui sera expulsée par la pression de gaz.

14 UN SEAU À GLACE: vous aurez besoin de beaucoup de glaçons, alors gardez un seau à glace à la portée de la main.

15 DES CONCASSEURS À GLAÇONS: les concasseurs réglables produiront de la glace concassée, pilée ou en copeaux. À défaut d'en avoir, vous pouvez envelopper les glaçons dans un torchon propre et taper dessus à l'aide d'un maillet de cuisine.

16 DU SIROP DE SUCRE OU DE CANNE (non illustré): mettre 250 ml/1 tasse de sucre et 250 ml/1 tasse d'eau dans une casserole et amener à ébullition. Baisser le feu et laisser mijoter doucement pendant environ 5 minutes, jusqu'à ce que le mélange se condense en un sirop clair et sucré. Laisser refroidir. Utiliser immédiatement ou entreposer au réfrigérateur, dans un récipient fermé hermétiquement.

9

Les verres

Une sélection de verres donnera une touche de raffinement. Mettez les verres au réfrigérateur une heure avant de les utiliser afin de bien les refroidir.

LE VERRE À DIGESTIF: (capacité de 30 à 60 ml/1 à 2 oz) un petit verre utilisé pour les cocktails qui se boivent cul sec.

LE VERRE À LONG DRINKS: (capacité de 250 à 300 ml/8 à 10 oz) un verre polyvalent qui se trouve sous diverses formes.

LE VERRE À COCKTAIL (À MARTINI): (capacité de 125 à 300 ml/4 à 10 oz) un classique, à long pied, indispensable pour servir certains cocktails. Le long pied est conçu pour éloigner la chaleur de la main de la coupe afin que le cocktail demeure froid jusqu'à la dernière goutte.

LE VERRE À ORANGEADE: (capacité de 125 à 300 ml/4 à 10 oz) il fut spécialement conçu pour les cocktails les plus longs et les plus grands.

LE VERRE À WHISKY: (capacité de 125 à 250 ml/4 à 8 oz) un verre nommé pour un type de cocktail, qui convient cependant pour tout cocktail servi sur glaçons.

LA FLÛTE À CHAMPAGNE: elle conserve l'effervescence des cocktails à base de champagne.

LE VERRE BALLON OU TULIPE: idéal pour les cocktails à base de vin.

LE VERRE À EAU: buvez toujours beaucoup d'eau, environ 1 litre/4 tasses, avant de vous coucher!

Une note à propos des mesures

Comme je l'ai suggéré, vous pouvez modifier les recettes de ce livre selon votre goût. Si vous décidez d'utiliser une mesure à alcools, vous y remarquerez peut-être des mots qui vous seront étrangers. Je m'empresse de vous les expliquer ci-dessous. Il se peut aussi que vous rencontriez des mesures inhabituelles dans d'autres recettes.

1 trait = 6 gouttes
3 c. à thé = 15 ml/$\frac{1}{2}$ oz
1 petit verre sans pied = 30 ml/1 oz
1 mesure pour whisky = 45 ml/1 $\frac{1}{2}$ oz
1 grande mesure pour whisky = 60 ml/2 oz

1 verre à whisky régulier = 60 ml/2 oz
1 pinte = 500 ml/16 oz
1 cinquième = 750 ml/25,6 oz
1 litre = 32 oz

la trousse à cocktails indispensable

VERRE À DIGESTIF

VERRE À DIGESTIF

VERRE À DIGESTIF

VERRE À LONG DRINKS

VERRE À WHISKY

**GRAND VERRE À WHISKY
(375 ML / 12 OZ)**

VERRE À LONG DRINKS

VERRE À PARFAIT

**VERRE TULIPE
(À VIN)**

FLÛTE À CHAMPAGNE

**VERRE À COCKTAIL
(À MARTINI)**

**VERRE À COCKTAIL
(À MARGARITA)**

LE BRANDY

BETWEEN THE SHEETS

- **60 ml / 2 oz de brandy**
- **60 ml / 2 oz de rhum blanc**
- **45 ml / 1 ½ oz de jus de citron**
- **30 ml / 1 oz de Cointreau ou de triple sec**
- **1 zeste de citron découpé en losange (pour garnir)**

Agiter les ingrédients avec des glaçons, puis filtrer dans un verre à cocktail. Garnir du zeste de citron. Déguster.

BRANDY ALEXANDER

- **60 ml/2 oz de brandy**
- **30 ml/1 oz de crème de cacao noir ou de Tia Maria**
- **30 ml/1 oz de crème fraîche (35%)**
- **1 pincée de noix de muscade râpée (pour garnir)**

Agiter les ingrédients avec des glaçons avant de filtrer le tout dans un verre à cocktail ou à champagne et de garnir de muscade.

BRANDY GUMP

- **60 ml/2 oz de brandy**
- **Le jus de 1 citron**
- **1 trait de grenadine**

Simple et énergique! Agiter avec des glaçons, puis filtrer dans un verre à cocktail givré.

CLASSIC

- **60 ml/2 oz de brandy**
- **30 ml/1 oz de curaçao**
- **30 ml/1 oz de marasquin**
- **30 ml/1 oz de jus de citron**
- **1 cerise au marasquin ou 1 zeste de citron (pour garnir)**

Agiter les ingrédients avec des glaçons, puis filtrer dans un verre à cocktail givré. Servir avec une cerise au marasquin piquée sur un cure-dents, ou un zeste de citron.

DEPTH CHARGE

- **60 ml/2 oz de brandy**
- **30 ml/1 oz de calvados**
- **60 ml/ 2 oz de jus de citron**
- **30 ml/1 oz de grenadine**
- **1 zeste de citron (pour garnir)**

Agiter les ingrédients avec des glaçons. Filtrer dans un verre à cocktail et garnir du zeste de citron. Un véritable coup de fouet!

DIZZY DAME

- 60 ml / 2 oz de brandy
- 30 ml / 1 oz de cherry-brandy
- 30 ml / 1 oz de kahlua
- 60 ml / 2 oz de crème fraîche (35%)
- 1 cerise au marasquin (pour garnir)

Agiter les ingrédients avec des glaçons, puis verser dans le verre choisi. Servir avec une cerise au marasquin. Rien que le nom donne le tournis...

FOXHOUND

- 60 ml / 2 oz de brandy
- 1 trait de jus de canneberge
- 30 ml / 1 oz de Kümmel (liqueur allemande de graines de carvi)
- 1 trait de jus de citron
- 1 rondelle de citron

Agiter les ingrédients avec des glaçons, puis servir dans un verre droit. Garnir d'une rondelle de citron. En Angleterre, lorsque la chasse est terminée, cette petite bombe est, par tradition, servie avant les mets de gibier.

MAE WEST

- 60 ml / 2 oz de brandy
- ½ jaune d'œuf
- ½ c. à thé de sucre
- 1 pincée de poivre de Cayenne

Agiter les ingrédients avec des glaçons, puis filtrer dans un verre à cocktail givré. Brisez la glace en ajoutant une pincée de poivre de Cayenne! C'est piquant et ça a beaucoup de corps.

METROPOLITAN

- 45 ml / 1 ½ oz de brandy
- 60 ml / 2 oz de vermouth
- 1 trait d'angustura
- 1 trait de sirop de canne

Agiter ce petit démon avec des glaçons. Filtrer dans un verre à cocktail givré. Aussi raffiné qu'il en a l'air.

MOULIN ROUGE

- *60 ml / 2 oz de brandy*
- *120 ml / 4 oz de jus d'ananas frais*
- *Remplir de champagne frappé ou de vin blanc pétillant*

Verser le brandy et le jus d'ananas sur quelques glaçons dans un verre à long drinks. Remplir de champagne ou de vin blanc pétillant.

NEVER ON SUNDAY

- *60 ml / 2 oz de brandy grec*
- *30 ml / 1 oz d'ouzo*
- *1 trait de jus de citron*
- *1 trait d'angustura*
- *Remplir de champagne frappé et / ou de limonade au gingembre*

Remuer tous les ingrédients dans un verre doseur, à l'exception du champagne et de la limonade au gingembre. Verser dans un verre à long drinks, puis remplir d'une combinaison champagne / limonade au gingembre. À bien y penser, le dimanche est probablement la meilleure journée pour déguster ce cocktail.

SIDECAR

- *60 ml / 2 oz de brandy*
- *30 ml / 1 oz de Cointreau ou de triple sec*
- *2 traits de jus de citron*
- *1 zeste de citron (pour garnir)*

Bien agiter les ingrédients avec quelques glaçons et filtrer dans un verre à cocktail refroidi. Garnir d'un zeste de citron. D'après le folklore, ce cocktail tire son nom du mode de transport qu'utilisait un soldat pour se rendre à son bar favori à Paris, durant la Première Guerre mondiale. Ce cocktail fut d'ailleurs créé en son honneur. Attention lorsque vous prendrez les virages!

YANKEE PRINCE

- *30 ml / 1 oz d'eau-de-vie d'abricot*
- *30 ml / 1 oz de chartreuse jaune*
- *30 ml / 1 oz de Pernod*

Agiter avec des glaçons et filtrer dans un verre à cocktail refroidi. Voilà!

LE CAMPARI

AMERICANO

- **60 ml / 2 oz de Campari**
- **60 ml / 2 oz de vermouth doux**
- **Remplir d'eau gazeuse froide**
- **1 rondelle d'orange (pour garnir)**

Remuer le Campari et le vermouth dans un verre droit ou dans un verre à whisky plein de glaçons. Remplir d'eau gazeuse au goût. Garnir de la rondelle d'orange. Il n'y a pas de cocktail plus désaltérant!

NEGRONI

- **30 ml/1 oz de Campari**
- **30 ml/1 oz de gin**
- **30 ml/1 oz de vermouth doux**
- **1 zeste de citron (pour garnir)**

Remuer le Campari, le gin et le vermouth avec quelques glaçons dans un verre doseur. Servir dans un verre à cocktail garni du zeste de citron.

PINK PUSSY CAT

- **60 ml/2 oz de Campari**
- **30 ml/1 oz d'eau-de-vie de pêche**
- **1 trait de blanc d'œuf**
- **Remplir de préparation pour Collins froide (jus de 1 citron, 1 c. à thé de sucre, eau gazeuse)**

Mélanger le Campari, l'eau-de-vie de pêche et le blanc d'œuf dans un shaker, puis filtrer dans un verre à long drinks. Remplir de préparation pour Collins. Selon la quantité de préparation pour Collins que vous utilisez, ce cocktail est aussi long, grand et rafraîchissant que vous le souhaitez.

LE CHAMPAGNE
ET LE VIN PÉTILLANT

BELLINI

- **3 ou 4 pêches ou**
  jus ou nectar de pêche
- **1 bouteille de champagne frappé**

Si vous utilisez des pêches fraîches, celles-ci
devront être pelées, dénoyautées et réduites
en purée dans un mixeur avec quelques
glaçons avant de préparer votre cocktail.
Autrement, suivez la même procédure avec
le jus ou le nectar de pêche.

Verser le jus de fruits dans un bol à punch
et ajouter le champagne. Servir dans des
flûtes à champagne ou dans de grandes
coupes.
Le Mango Bellini est tout aussi délicieux…
il suffit de remplacer les pêches par des
mangues.
Ce cocktail a été créé au *Harry's Bar*, à
Venise, un bar populaire parmi les vedettes
de cinéma dans les années 1960.

BLACK VELVET

- *¹⁄₂ bouteille de guinness très froide (ou toute autre bière brune)*
- *¹⁄₂ bouteille de champagne frappé*

Verser la guinness et le champagne dans un grand bol à punch. Ne pas remuer. Vous pourriez avoir besoin de l'aide d'un ami, car ces deux boissons doivent être versées simultanément. Verser dans de très grands verres et déguster les bulles les plus soyeuses et moelleuses qui soient.

CHAMPAGNE BUCK

- *60 ml / 2 oz de champagne*
- *30 ml / 1 oz de gin*
- *2 traits de cherry-brandy*
- *1 c. à thé de jus d'orange*

Agiter énergiquement les ingrédients avec des glaçons et filtrer ce mélange pétillant dans un verre à cocktail.

CHAMPAGNE CHARLIE

- *60 ml / 2 oz d'eau-de-vie d'abricot*
- *Remplir de champagne frappé*

Que diriez-vous de verser de l'eau-de-vie d'abricot dans une flûte à champagne et de la remplir de champagne frappé? Extrêmement simple, ce cocktail dont le nom fait allusion au luxe légendaire des villes.

CHAMPAGNE COCKTAIL

- *1 morceau de sucre*
- *Environ 3 gouttes d'angustura*
- *30 ml / 1 oz de brandy (facultatif, si vous avez envie de quelque chose d'un peu plus fort)*
- *Remplir de champagne frappé*
- *1 rondelle d'orange (facultatif, pour garnir)*

Le classique des classiques! Mettre le morceau de sucre dans une flûte à champagne et l'imprégner d'angustura. Si vous avez besoin du renfort du brandy, le verser sur le morceau de sucre avant de remplir de champagne. Si vous aimez vivre dangereusement, donnez un peu de piquant à votre cocktail en ajoutant une rondelle d'orange.

DEATH IN THE AFTERNOON

- *30 ml / 1 oz de pastis*
- *Remplir de champagne frappé*

Verser le pastis dans une flûte à champagne, puis remplir de champagne. Contrairement à la croyance populaire, ce cocktail n'est pas pire qu'un autre si vous prévoyez un après-midi mouvementé. Tout cocktail alcoolisé pris à l'heure du lunch affectera votre performance l'après-midi.

INDEPENDENCE DAY PUNCH

- *Le jus de 12 citrons*
- *1 kg / 2 lb de sucre glace*
- *500 ml / 2 tasses de thé fort*
- *3 bouteilles de vin rouge sec*
- *1 bouteille de brandy*
- *1 bouteille de champagne frappé*
- *rondelles de citron (pour garnir)*

Verser le jus de citron et le sucre dans un bol à punch. Assurez-vous que le sucre est dissous. Ajouter quelques glaçons, puis verser le thé, le vin rouge et le brandy. Faire refroidir au réfrigérateur. Ajouter le champagne juste avant de servir pour donner un aspect pétillant. Servir dans des coupes garnies de rondelles de citron.

KIR ROYAL

- **1 cerise au marasquin**
- **30 ml / 1 oz de crème de cassis**
- **Remplir de champagne frappé**
- **1 fraise (pour garnir)**

Laisser tomber la cerise au fond d'une flûte à champagne et verser la crème de cassis dessus. Remplir de champagne. Garnir d'une fraise fendue et glissée sur le bord du verre. Un délicieux mélange fruité.

NEW ORLEANS DANDY

- **60 ml / 2 oz de rhum blanc**
- **30 ml / 1 oz d'eau-de-vie de pêche**
- **1 trait de jus d'orange**
- **1 trait de jus de lime**
- **1 rondelle d'orange (pour garnir)**
- **1 cerise au marasquin (pour garnir)**
- **Remplir de champagne**

Verser le rhum et l'eau-de-vie de pêche dans un shaker. Ajouter les traits de jus d'orange et de lime ainsi que quelques glaçons. Agiter vigoureusement et transvaser dans un verre à long drinks. Remplir de champagne. Garnir d'une belle rondelle d'orange et d'une cerise au marasquin.

RITZ FIZZ

- **2 traits de curaçao bleu**
- **1 trait d'amaretto**
- **1 trait de jus de citron**
- **Remplir de champagne frappé**
- **1 pétale de rose (facultatif, pour garnir)**

Si vous rêvez de champagne bleu avec un soupçon sucré d'amandes, ce cocktail est pour vous. Remuer le curaçao, l'amaretto et le jus de citron dans une coupe. Remplir de champagne. Vous pourriez toujours y laisser flotter un pétale de rose si vous le servez à un être cher. Vous pourriez aussi offrir ce qu'il reste de la rose, en vous assurant, bien sûr, que l'extraction du pétale a fait un minimum de dommage. Un conseil pratique: puisque vous vous donnez tant de mal, ce serait aussi une bonne idée de filtrer le jus de citron afin que de petites particules flottantes indésirables ne viennent gâcher ce moment spécial.

LE DUBONNET

DUBONNET FIZZ

- **60 ml / 2 oz de Dubonnet**
- **1 c. à thé de cherry-brandy**
- **Le jus de ½ citron**
- **Le jus de ½ orange**
- **Remplir d'eau gazeuse froide**

Agiter le tout, sauf l'eau gazeuse, avec beaucoup de glaçons, puis filtrer dans un verre à long drinks et ajouter l'eau gazeuse pour obtenir un cocktail doux et fruité.

Louisiana Lullaby

- **2 c. à thé de Dubonnet**
- **60 ml / 2 oz de rhum brun**
- **1 trait de Grand Marnier**
- **1 écorce de citron découpée en étoile (pour garnir)**

Remuer les ingrédients avec des glaçons, puis filtrer dans un verre à cocktail. Garnir de l'écorce de citron. Idéal avant la sieste...

Mayflower

- **60 ml / 2 oz de Dubonnet**
- **30 ml / 1 oz de brandy**

Agiter le Dubonnet et le brandy avec des glaçons et filtrer dans un verre à cocktail refroidi. Le brandy rehausse bien la saveur de quinine du Dubonnet et aurait, semble-t-il, réchauffé quelques vieux loups de mer parmi les « pères Pélerins », lors de leur pénible traversée de l'océan, bien que je doute qu'on ait pu facilement se procurer du Dubonnet en ce temps-là.

Merry Widow

- **60 ml / 2 oz de Dubonnet**
- **60 ml / 2 oz de vermouth sec**
- **1 trait de bitter à l'orange**
- **1 zeste de citron (pour garnir)**

Remuer le Dubonnet et le vermouth sec avec des glaçons et filtrer dans un verre à cocktail. Ajouter le trait de bitter à l'orange et garnir avec le zeste de citron. Il existe plusieurs versions de Merry Widow (La Veuve Joyeuse). Une toute différente variante, bien qu'également joyeuse, se prépare avec 30 ml / 1 oz de cherry-brandy et 30 ml / 1 oz de marasquin (au lieu du Dubonnet et du vermouth) et est alors garnie de cerises, au lieu du zeste de citron.

LE GIN

ALASKA

- **60 ml / 2 oz de gin**
- **15 ml / ½ oz de chartreuse verte**
- **30 ml / 1 oz de xérès sec (si désiré)**
- **1 zeste de citron (pour garnir)**

Remuer les ingrédients avec des glaçons, puis filtrer dans un verre à cocktail. Garnir du zeste de citron. Détendez-vous. Si vous décidez d'ajouter le xérès, vous obtiendrez un Nome. Ce cocktail peut aussi se préparer avec de la chartreuse jaune, mais la chartreuse verte lui donne un goût plus sec, plus aromatique, et une couleur plus intéressante.

BROADWAY SPECIAL

- **60 ml / 2 oz de gin**
- **30 ml / 1 oz de vermouth doux**
- **1 c. à thé de jus d'ananas**
- **2 traits de grenadine**
- **$1/2$ blanc d'œuf**
- **1 pincée de noix de muscade râpée**
- **1 morceau d'ananas frais (pour garnir)**

Agiter les ingrédients avec des glaçons, puis filtrer dans un verre à cocktail refroidi. Ajouter un peu d'ananas frais pour obtenir un cocktail des plus remarquables.

BRONX

- **60 ml / 2 oz de gin**
- **15 ml / $1/2$ oz de vermouth sec**
- **15 ml / $1/2$ oz de vermouth doux**
- **15 ml / $1/2$ oz de jus d'orange**
- **1 rondelle d'orange (pour garnir)**

Agiter vigoureusement le tout avec quelques glaçons, puis filtrer dans un verre à vin. Ce cocktail pourrait aussi se servir sur des glaçons dans un verre à whisky. Garnir d'une rondelle d'orange.

Pour obtenir un cocktail plus sec, remplacer le vermouth doux par 30 ml / 1 oz de vermouth sec. L'ajout d'un jaune d'œuf donnera un Golden Bronx; celui d'un blanc d'œuf, un Silver Bronx; et le jus d'une orange sanguine au lieu d'une orange, un Bloody Bronx.

DRY MARTINI

- **1 verre à cocktail de gin**
- **1 trait de vermouth sec**
- **1 trait de bitter à l'orange (facultatif)**
- **1 écorce de citron ou une olive (pour garnir)**

Cet apéritif est, sans contredit, le plus connu, mais il est marqué par les tendances sociales. Remuer le gin et le vermouth (et le bitter si désiré) avec des glaçons dans un verre doseur. Filtrer dans un verre à cocktail refroidi. Tordre l'écorce de citron, le côté de la peau vers le bas, au-dessus du cocktail avant de la laisser tomber à l'intérieur. Ceci libère un fin jet de zeste sur la surface, lequel aidera à donner l'apparence huileuse du Martini. Vous pourriez garnir ce cocktail d'une olive au lieu de l'écorce de citron. De un à trois petits oignons grelots peuvent aussi être utilisés dans un Dry Martini. Le résultat de cette garniture particulière est appelé Gibson.

Il y a une autre façon, tout aussi socialement acceptable, de préparer un Dry Martini. Il s'agit de rincer l'intérieur d'un verre à cocktail avec du vermouth sec, de le reverser dans la bouteille, et de remplir ce verre avec du gin glacé.

On a tellement écrit à propos des proportions « correctes » de gin et de vermouth dans un Dry Martini que cela nous rappelle les Lilliputiens de Jonathan Swift se mettant en guerre à propos de l'extrémité « correcte » pour ouvrir un œuf. Certains affirment qu'il faut 15 mesures de gin pour une mesure de vermouth, mais le Martini original était composé de gin et de vermouth en parts égales, parfois en utilisant du vermouth doux. Aujourd'hui, les bars vous offriront probablement des Dry Martini composés de trois mesures de gin pour une mesure de vermouth et pouvant aller jusqu'à six mesures de gin pour une mesure de vermouth.

FLUFFY DUCK

- **60 ml/2 oz de gin**
- **60 ml/2 oz d'Advocaat**
- **30 ml/1 oz de Cointreau**
- **30 ml/1 oz de jus d'orange**
- **1 rondelle d'orange**
- **1 cerise au marasquin**
- **Remplir d'eau gazeuse froide**

Verser les ingrédients dans un verre rempli de glaçons, remuer et remplir d'eau gazeuse.

ACM GELARDI MARTINI

- **60 ml/2 oz de gin**
- **15 ml/1/2 oz de Cointreau**
- **1 trait de jus de citron**
- **1 à 2 c. à thé de marmelade d'oranges, au goût**
- **1 rondelle d'orange (facultatif, pour garnir)**

Ce Martini, parfois nommé aussi Breakfast Martini, doit son nom à l'arrière-grand-père de Geoffrey Gelardi qui était le président-directeur général de *The Lanesborough* à Londres. La saveur légèrement amère de la marmelade se marie merveilleusement bien avec le genévrier contenu dans le gin. Mettre tous les ingrédients dans un shaker avec quelques glaçons. Bien agiter afin que la marmelade soit bien intégrée au mélange. Verser dans une passoire, au-dessus d'un verre à cocktail refroidi. Garnir d'une rondelle d'orange, si désiré, mais cela n'est pas indispensable.

GIMLET

- **30 ml/1 oz de gin**
- **15 ml/1/2 oz de sirop de lime**

Agiter le gin et le sirop de lime avec des glaçons, puis filtrer dans un verre à cocktail. Pour une version allongée et plus rafraîchissante de ce cocktail classique (appelé alors un Gimlet Highball ou, moins cérémonieusement, un Rickey), mélanger

60 ml/2 oz de gin, 30 ml/1 oz de jus de citron ou de lime frais et un trait de grenadine avec des glaçons dans un verre à long drinks ou à whisky. Remplir d'eau gazeuse et remuer dans le sens des aiguilles d'une montre. Pour atténuer le goût quelque peu amer, il est possible d'ajouter un peu de sucre.

GINGER ROGERS

- *30 ml / 1 oz de gin*
- *30 ml / 1 oz d'eau-de-vie d'abricot*
- *30 ml / 1 oz de vermouth sec*
- *1 trait de jus de citron*
- *1 cerise au marasquin (pour garnir)*

Agiter avec des glaçons. Filtrer dans un verre à cocktail refroidi et servir avec une cerise au marasquin. Bonne dégustation!

GIN 'N' SIN

- *1 verre à cocktail de gin*
- *1 c. à thé de jus de citron*
- *1 c. à thé de jus d'orange*
- *1 trait de grenadine*

Remuer le gin, les jus de fruits et la grenadine avec des glaçons dans un verre doseur. Filtrer dans un verre à cocktail. Pas très sage mais délicieux.
Le réputé Gin 'n' It est fabriqué de la même façon, en remplaçant les jus de fruits et la grenadine par approximativement trois mesures de gin pour une mesure de vermouth.

JET BLACK

- *60 ml / 2 oz de gin*
- *2 c. à thé de Sambuca noire*
- *1 c. à thé de vermouth doux*
- *1 cerise au marasquin (pour garnir)*
- *1 rondelle de citron (pour garnir)*

Remuer avec des glaçons dans un verre doseur avant de filtrer dans un verre à cocktail. Garnir d'une cerise au marasquin et d'une rondelle de citron.
Ce cocktail est idéal pour celui ou celle qui veut impressionner. Il faut avouer qu'il est rare de voir une boisson noire.

Maiden's Blush

- **60 ml / 2 oz de gin**
- **4 traits de curaçao à l'orange**
- **4 traits de grenadine**
- **1 trait de jus de citron**
- **1 c. à thé de sucre (facultatif)**
- **1 c. à thé de sirop de framboise (facultatif)**
- **1 rondelle de citron (pour garnir)**

Agiter les ingrédients avec des glaçons et filtrer dans un verre à cocktail. Garnir d'une rondelle de citron. Le sirop de framboise fera rougir davantage votre compagne.

Orange Blossom

- **60 ml / 2 oz de gin**
- **Le jus de ½ orange**
- **1 c. à thé de sucre**
- **1 rondelle d'orange (pour garnir)**

Agiter les ingrédients avec des glaçons et servir dans un verre à cocktail refroidi. Garnir d'une rondelle d'orange.

Singapore Sling

- **20 ml / ²/₃ oz de gin**
- **20 ml / ²/₃ oz de cherry-brandy**
- **10 ml / ¹/₃ oz de Cointreau**
- **10 ml / ¹/₃ oz de Bénédictine**
- **10 ml / ¹/₃ oz de jus de lime**
- **75 ml / 2 ½ oz de jus d'orange**
- **75 ml / 2 ½ oz de jus d'ananas**
- **1 pointe d'ananas (pour garnir)**
- **1 cerise au marasquin (pour garnir)**

Agiter tous les ingrédients avec des glaçons. Filtrer dans un verre à long drinks ou à orangeade sur des glaçons; garnir d'une pointe d'ananas et d'une cerise au marasquin. Pour une version simplifiée de ce cocktail, mélanger 45 ml / 1 ½ oz de gin, 20 ml / ²/₃ oz de cherry-brandy et 20 ml / ²/₃ oz de jus de citron. Remplir d'eau gazeuse.

Sloe Gin

- **30 ml / 1 oz de gin à la prunelle**
- **15 ml / ½ oz de vermouth sec**
- **1 trait d'angustura**
- **Petits fruits frais (pour garnir)**

Remuer les ingrédients dans un verre doseur avec quelques glaçons et filtrer dans un verre à cocktail. Pour obtenir un cocktail plus sec, doubler la quantité de vermouth sec et pour un cocktail plus doux, remplacer le vermouth sec par du vermouth doux.

Les petits fruits acides et bleu-noir du prunellier parfument le gin à la prunelle.

THANKSGIVING COCKTAIL

- **30 ml/1 oz de gin**
- **30 ml/1 oz de vermouth sec**
- **30 ml/1 oz d'eau-de-vie d'abricot**
- **1 trait de jus de citron**
- **1 cerise au marasquin (pour garnir)**

Agiter avec des glaçons et filtrer dans un verre à cocktail. Garnir d'une cerise au marasquin. Nous vous conseillons de goûter ce cocktail après avoir dégusté un Mayflower *(voir page 25)*.

TOM COLLINS

- **90 ml/3 oz de gin**
- **Le jus de 1 citron**
- **1 à 2 c. à thé de sucre, selon votre goût**
- **Remplir d'eau gazeuse froide**
- **1 rondelle d'orange ou de citron (pour garnir)**
- **1 cerise au marasquin (facultatif, pour garnir)**

Remuer les ingrédients avec des glaçons dans un grand verre à long drinks ou à orangeade. Remplir d'eau gazeuse. Remuer de nouveau et garnir d'une rondelle d'orange ou de citron ou des deux et d'une cerise au marasquin. Les Collins sont les plus longs et les plus grands des cocktails longs et grands. Ils sont si longs et grands que les verres à orangeade, d'une contenance de 300 à 480 ml/ 10 à 16 oz, furent inventés pour eux. Les Collins sont comme des limonades corsées. Ils rafraîchissent durant la saison chaude. Bien que le Tom Collins à base de gin soit la version la plus courante, il existe autant de Collins qu'il y a de spiritueux. Un Pedro Collins se prépare avec du rhum; un Pierre Collins, avec du brandy; un John Collins, avec du bourbon. Et ce ne sont là que quelques exemples!

ZA ZA

- **1 trait d'angustura**
- **60 ml/2 oz de gin**
- **60 ml/2 oz de Dubonnet**
- **1 tortillon d'écorce de citron (pour garnir)**

Asperger d'angustura le fond d'un verre doseur, puis y verser le gin et le Dubonnet. Remuer et filtrer dans un verre à cocktail. Garnir de l'écorce de citron.

LES LIQUEURS

B-52

- **30 ml / 1 oz de kahlua**
- **30 ml / 1 oz de Irish Cream Bailey's**
- **30 ml / 1 oz de Grand Marnier**

Superposer avec soin chaque liqueur dans un petit verre à digestif, afin de créer trois couches bien distinctes. Pour obtenir un effet plus saisissant, fermer les lumières et faire flamber le Grand Marnier. (Attention: n'oubliez surtout pas d'éteindre avant de boire!)

CREOLE COCKTAIL

- **30 ml / 1 oz de Malibu**
- **30 ml / 1 oz de jus d'orange**
- **30 ml / 1 oz de vodka**
- **1 trait de grenadine**
- **1 rondelle d'orange (pour garnir)**
- **2 morceaux de noix de coco (pour garnir)**

Agiter vigoureusement les ingrédients; verser dans une grande coupe remplie de glaçons et garnir de la rondelle d'orange et des morceaux de noix de coco.

ST CHRISTOPHER

- **30 ml / 1 oz de liqueur de chocolat**
- **30 ml / 1 oz de Bacardi**
- **⅛ de melon frais**
- **1 c. à thé de chocolat en poudre**
- **1 c. à thé de sirop de canne (au goût)**
- **60 ml / 2 oz de lait**
- **Chocolat râpé et 2 feuilles de menthe fraîche**

Ce cocktail est incroyablement facile à préparer, à condition que vous possédiez un mixeur pouvant piler des glaçons. Peler et épépiner le melon. Placer tous les ingrédients dans le mixeur; ajouter six glaçons. Mélanger brièvement. Verser le mélange mousseux dans un grand verre; garnir de chocolat râpé et de feuilles de menthe fraîche.

Pour votre information, le barman qui a créé cette fantaisie au chocolat s'appelle Christopher. Le « Saint » fut ajouté par ironie, car ce cocktail ne goûte presque pas l'alcool, ce qui en fait une sorte de bombe à retardement. Buvez avec précaution et faites de beaux rêves... en chocolat.

KAHLÚA CAFÉ DON JUAN

- *Cassonade*
- *1 quartier de citron*
- *15 ml / ½ oz de rhum brun*
- *30 ml / 1 oz de kahlúa*
- *Café chaud*
- *Crème fraîche (35%)*
- *Chocolat râpé (pour garnir)*

Terminez la soirée par ce cocktail qui vous donnera des sensations fortes mais, auparavant, vérifiez que votre maison est

bien assurée. En premier lieu, il s'agit de givrer le bord du verre. Pour cela, étaler la cassonade dans un plat suffisamment grand pour contenir une grande coupe renversée. Tenir la coupe à l'envers afin que le jus de citron ne coule pas à l'intérieur. Presser le citron contre le bord de la coupe, puis le glisser tout autour. Plonger le bord de la coupe dans la cassonade. Vous devrez peut-être vous y prendre à plusieurs reprises. Il est aussi possible de remplacer la cassonade par du sucre superfin et le jus de citron, par du blanc d'œuf, bien que la cassonade soit préférable pour ce cocktail. Dans certaines recettes, il est suggéré de colorer le sucre superfin à l'aide de différents sirops et liqueurs à base de fruits avant de givrer le verre, puis de boire ce délice avec une paille afin de ne pas gâcher vos efforts artistiques. Mais ceci appartient à un monde précieux. Bon, après avoir givré la coupe, y verser le rhum, le faire flamber et le faire tournoyer dans la coupe. (Je vous avais prévenu de vérifier votre assurance!) Éteindre tout feu qui s'est peut-être déclaré, et ajouter le kahlúa. Remplir de café chaud. S'il vous reste un brin d'enthousiasme ou d'énergie, faites glisser délicatement la crème sur le dos d'une cuillère à thé afin qu'elle se dépose sur la surface en fusion du « cocktail ». Parsemer de chocolat râpé et le tour est joué!

MELON SOUR

- *30 ml / 1 oz de liqueur de melon*
- *60 ml / 2 oz de jus de citron*
- *1 blanc d'œuf*
- *2 boules de melon (pour garnir)*
- *1 cerise au marasquin (pour garnir)*

Voici une bonne façon d'utiliser cette liqueur de melon que votre tante vous a offert.

Agiter la dite liqueur avec le jus de citron, le blanc d'œuf et de la glace pilée jusqu'à ce que le mélange soit mousseux. Filtrer dans une petite coupe. Faites preuve de créativité en enfilant sur un cure-dents les deux boules de melon avec la cerise au milieu. Déposer en travers, sur le bord du verre.

POUSSE-CAFÉ

- *Grenadine (rouge)*
- *Crème de cacao (brun)*
- *Crème de menthe (vert)*
- *Parfait amour (violet)*
- *Marasquin (blanc)*
- *Curaçao à l'orange*
- *Brandy (vous en connaissez la couleur)*

Tour d'équilibre par excellence, ce cocktail convient à toute personne voulant se faire remarquer. Il est plutôt fait pour être admiré que pour être consommé. Il existe d'innombrables variantes du Pousse-Café, mais toutes produisent un effet de « feu de signalisation » avec ces couches de liqueurs les unes par-dessus les autres. Pour des raisons évidentes, vous devrez utiliser un grand verre droit pour ce cocktail. Les ingrédients sont dans l'ordre dans lequel ils doivent être versés avec délicatesse sur le dos d'une petite cuillère, au-dessus du verre. Les ingrédients de densité plus lourde (ceux qui contiennent le plus haut taux de sucre et le plus bas taux d'alcool, ou pas d'alcool du tout) sont versés les premiers afin de leur permettre de reposer au fond du verre. Le phénomène inverse s'applique. Ceci ressemble davantage à un jeu de société qu'à un cocktail. C'est pourquoi vous pouvez expérimenter comme bon vous semble avec des liqueurs de différentes densités (ou jusqu'à ce que vous en ayez assez). Souvenez-vous que tout mouvement brusque pourrait gâcher l'effet général.

SEX ON THE BEACH

- *30 ml / 1 oz de schnaps à la pêche*
- *30 ml / 1 oz de vodka*
- *60 ml / 2 oz de jus d'orange*
- *60 ml / 2 oz de jus de canneberge*
- *1 cerise au marasquin (pour garnir)*
- *1 tranche d'orange (pour garnir)*

Vous aimerez peut-être goûter ce cocktail plutôt que tout autre à base de liqueur. Verser tous les ingrédients dans un verre à long drinks contenant des glaçons. Bien remuer; garnir de la cerise au marasquin et de la rondelle d'orange. Sans le jus de canneberge, vous obtiendrez un Fuzzy Navel.

LE PERNOD

Je suis prêt à affirmer que, dans chacun de ces cocktails, le Pernod pourrait être remplacé par de l'anisette (une liqueur claire à base de graines d'anis parfumée d'amandes amères et de coriandre). Mais jamais je ne vous conseillerai de remplacer le Pernod par de l'ouzo grec. Note historique: L'absinthe, qui est maintenant illégale dans la plupart des pays (et certainement aux États-Unis), est une boisson parfumée à l'anis, d'origine suisse, qui fut populaire auprès de plusieurs artistes européens jusqu'à la fin du xixe siècle. Sa fabrication fut interdite lorsqu'on se fut rendu compte que cette liqueur entraînait la dépendance, la démence et l'infertilité (une très mauvaise presse, même selon les normes d'aujourd'hui). On connaît peu les autres effets secondaires de cette substance, quoique les peintures d'Edvard Munch puissent nous en donner un aperçu.

les cocktails au Pernod

MORNING CALL

- **30 ml / 1 oz de Pernod**
- **15 ml / ½ oz de marasquin**
- **15 ml / ½ oz de jus de citron**

Levez-vous du bon pied.
Agiter les ingrédients avec des glaçons,
puis filtrer dans un verre à cocktail refroidi.

YANKEE PRINCE

- **30 ml / 1 oz de Pernod**
- **30 ml / 1 oz de liqueur d'abricot**
- **30 ml / 1 oz de chartreuse jaune**

Agiter les ingrédients avec des glaçons,
puis filtrer dans un verre à cocktail refroidi.

ZERO COCKTAIL

- **30 ml / 1 oz de Pernod**
- **1 c. à thé de grenadine**
- **2 c. à thé de jus d'orange**

Agiter les ingrédients avec des glaçons,
puis filtrer dans un verre à cocktail refroidi.

LE RHUM

Acapulco

- **45 ml / 1 ¹/₂ oz de rhum clair**
- **30 ml / 1 oz de Cointreau**
- **90 ml / 3 oz de jus d'ananas**
- **30 ml / 1 oz de jus de lime**
- **Morceaux d'ananas coupés en dés (pour garnir)**

Agiter les ingrédients avec des glaçons, puis servir dans un verre à orangeade garni de morceaux d'ananas coupés en dés.

BEACHCOMBER

- **120 ml / 4 oz de rhum clair**
- **15 ml / ½ oz de jus de citron**
- **15 ml / ½ oz de marasquin**

Dans un mixeur, mélanger tous les ingrédients avec de la glace pilée. Verser sans filtrer dans une flûte à champagne refroidie.

BLUE HAWAIIAN

- **60 ml / 2 oz de rhum blanc**
- **30 ml / 1 oz de curaçao bleu**
- **30 ml / 1 oz de jus d'ananas**
- **1 c. à thé de crème de noix de coco**
- **30 ml / 1 oz de crème fraîche (35%)**
- **Morceaux d'ananas (pour garnir)**

Agiter les ingrédients avec des glaçons, puis filtrer dans un verre à cocktail refroidi pour obtenir cette couleur bleue exceptionnelle.

CARMEN MIRANDA

- **120 ml / 4 oz de rhum blanc**
- **30 ml / 1 oz de jus de lime**
- **15 ml / ½ oz de triple sec**
- **2 traits de grenadine**
- **Fruits (pour garnir)**

Agiter avec de la glace pilée, puis filtrer dans un verre à cocktail refroidi. Afin de vous mettre dans l'ambiance, garnissez ce cocktail avec autant de fruits que vous le désirez. En remplaçant le jus de lime par du jus de citron, vous obtiendrez un Morning Rose.

CUBA LIBRE

- **60 ml / 2 oz de rhum clair**
- **Le jus de ½ lime**
- **150 ml / 5 oz de cola**
- **1 rondelle de lime**

Aucun chapitre sur le rhum ne serait complet sans la recette d'un des plus simples quoique des plus délicieux des cocktails. Verser le rhum et le jus de lime sur des glaçons dans un verre à long drinks et remuer. Ajouter le cola et garnir d'une rondelle de lime.

DAIQUIRI

- **45 ml / 1 ½ oz de rhum clair**
- **Le jus de ½ lime**
- **½ c. à thé de sucre**

Le Daiquiri tient son nom d'une ville cubaine où l'on fabrique du rhum. Cette recette est la version originale d'un cocktail classique qui sert aujourd'hui de base à de nombreuses variantes fruitées et frappées. Agiter les ingrédients vigoureusement avec de la glace pilée, puis filtrer dans un verre à cocktail refroidi. Si le jus de lime est remplacé par du vermouth et un trait de grenadine, vous obtiendrez un El Presidente. Tous les fruits peuvent être utilisés dans la préparation d'un Daiquiri aux fruits. Verser simplement les ingrédients (comme ci-dessus) dans un mixeur en y ajoutant 45 ml / 1 ½ oz de jus d'orange, environ 60 ml / 2 oz du fruit que vous avez choisi, et 30 ml / 1 oz de la liqueur de fruit correspondante. Quel que soit le fruit choisi, n'oubliez pas de le peler à vif sinon votre Daiquiri aura un goût plutôt amer. Le Banana Daiquiri, un cocktail que je vous recommande grandement, se prépare avec de la crème de banane de marque Bandana de Havana.

Pour obtenir un Daiquiri glacé, mélanger tous les ingrédients dans un mixeur en y ajoutant cinq ou six glaçons broyés en morceaux pendant quelques minutes ou jusqu'à l'obtention d'une texture semblable à de la neige fine. Ce cocktail sera bien entendu servi dans un plus grand verre que le Daiquiri original, soit un verre à long drinks ou un verre à orangeade garni des fruits appropriés.

GOLDEN GATE

- **60 ml / 2 oz de rhum brun**
- **30 ml / 1 oz de gin**
- **15 ml / ½ oz de crème de cacao**
- **15 ml / ½ oz de jus de citron**
- **1 pincée de gingembre**
- **1 rondelle d'orange (pour garnir)**

Ce cocktail devrait vous réchauffer le cœur. Agiter les ingrédients avec des glaçons, puis servir sur des glaçons dans un verre à whisky. Garnir de la rondelle d'orange.

HAVANA CLUB

- **90 ml / 3 oz de rhum ambré Havana Club**
- **30 ml / 1 oz de vermouth sec**
- **1 trait d'angustura**
- **1 cerise au marasquin (pour garnir)**

Remuer les ingrédients avec des glaçons. Servir dans un verre à long drinks et garnir d'une cerise.

les cocktails au rhum

KNICKERBOCKER

- *120 ml / 4 oz de rhum clair*
- *15 ml / ½ oz de Cointreau*
- *2 c. à thé de jus d'orange*
- *1 c. à thé de jus de citron*
- *1 c. à thé de jus d'ananas*
- *1 c. à thé de sirop de framboise*
- *1 pointe d'ananas (pour garnir)*
- *1 cerise au marasquin (pour garnir)*

Une façon très agréable d'augmenter votre consommation de fruits. Agiter vigoureusement avec de la glace pilée, puis filtrer dans un verre à cocktail refroidi. Pour terminer, garnir de la pointe d'ananas et de la cerise.

LIMEY

- *45 ml / 1 ½ oz de rhum clair*
- *22,5 ml / ¾ oz de liqueur de lime (la « Spanish Crema de Lima » de préférence)*
- *2 c. à thé de jus de lime*
- *2 c. à thé de triple sec*
- *1 rondelle de lime (pour garnir)*

Tout bar qui se respecte devrait être en mesure d'offrir à sa clientèle un Limey décent. Dans un mixeur, mélanger tous les ingrédients avec 120 ml / 4 oz de glace pilée. Filtrer dans une flûte à champagne garnie d'une rondelle de lime.

MAI TAI

- *Le jus de 1 lime*
- *20 ml / ⅔ oz de rhum ambré*
- *20 ml / ⅔ oz de rhum brun*
- *10 ml / ⅓ oz de curaçao à l'orange*
- *1 trait de sirop d'orgeat (sirop d'amande)*
- *1 trait d'angustura*
- *1 tortillon de lime (pour garnir)*
- *Pointes d'ananas (pour garnir)*
- *Menthe fraîche (pour garnir)*

Le Mai Tai devient rapidement un classique moderne. Au goût, il a l'air de rien, mais ne vous y laissez pas prendre. Verser les ingrédients sur quelques glaçons dans un verre à whisky ou à orangeade, puis remuer. Si vous vous sentez particulièrement audacieux, pourquoi ne pas le préparer dans un ananas évidé. Garnir de l'écorce de lime, des pointes d'ananas et de la menthe fraîche.

MOUNT FUJI

- **60 ml / 2 oz de rhum clair**
- **60 ml / 2 oz d'applejack**
- **30 ml / 1 oz de Southern Comfort**
- **30 ml / 1 oz de sucre**
- **Le jus de 1/2 lime**
  (réserver l'écorce évidée)
- **30 ml / 1 oz de rhum Demerara fort**

Ce cocktail n'est pas pour les timides. En fait, pour briser la glace lors d'une soirée, il suffit simplement de tenir entre vos mains un Mount Fuji. Mélanger tous les ingrédients, sauf le rhum fort, avec beaucoup de glaçons, puis verser dans un verre à long drinks. Déposer à la surface la demi-écorce de lime et la remplir de rhum fort. Flamber. Buvez ce cocktail volcanique avec une longue paille si vous tenez à vos sourcils.

PIÑA COLADA

- **60 ml / 2 oz de rhum clair**
- **60 ml / 2 oz de jus d'ananas**
- **30 ml / 1 oz de lait de noix de coco**
- **15 ml / 1/2 oz de crème fraîche (35%)**
- **1 noix de coco évidée**
  (strictement facultatif, pour garnir)
- **1 pointe d'ananas (pour garnir)**
- **1 cerise au marasquin (pour garnir)**

Dans un mixeur, mélanger tous les ingrédients avec des glaçons. La noix de coco servira de coupe. Si toutefois vous ne voulez pas ressembler à l'un des Pierrafeu, une grande coupe ou un verre à orangeade suffira. Garnir d'une pointe d'ananas et d'une cerise au marasquin. Vous pouvez, si vous le désirez, agiter le Piña Colada.

PLANTER'S PUNCH

- 90 ml / 3 oz de rhum de la Jamaïque
- 30 ml / 1 oz de jus de lime
- 30 ml / 1 oz de jus d'orange
- 90 ml / 3 oz de jus d'ananas (facultatif)
- 1 trait de grenadine
- 2 traits d'angustura
- 1 rondelle de lime (pour garnir)

Traditionnellement préparé avec du rhum Myers de la Jamaïque, le Planter's Punch est l'un des plus vieux cocktails au rhum. Il en existe d'innombrables variantes, et l'une des premières a été résumée dans une vieille chanson: « Un de sur (jus de lime), deux de doux (sirop de canne), trois de fort (rhum), quatre de fragile (glaçons). » Agiter les ingrédients avec de la glace pilée et verser dans un verre à orangeade. Ajouter de la glace pilée si désiré, remuer et garnir d'une rondelle de lime.

ZOMBIE

- 60 ml / 2 oz de rhum clair
- 60 ml / 2 oz de rhum ambré
- 60 ml / 2 oz de rhum brun
- 30 ml / 1 oz d'eau-de-vie d'abricot
- 15 ml / ½ oz de jus de lime
- 30 ml / 1 oz de jus d'orange
- 60 ml / 2 oz de jus d'ananas
- 1 trait de grenadine
- 15 ml / ½ oz de rhum Demerara fort
- 1 rondelle d'orange (pour garnir)
- 1 rondelle de citron (pour garnir)
- 1 brin de menthe fraîche (pour garnir)
- 2 cerises à cocktail (une rouge et une verte, pour garnir)

Un coup d'œil à l'épithète colorée et aux ingrédients de cette boisson devrait suffire pour vous convaincre qu'il s'agit là de la mère de tous les cocktails au rhum. Agiter tous les ingrédients, sauf le rhum Demerara, dans un verre doseur avec des glaçons. Verser dans un grand verre et ajouter le rhum Demerara en le versant sur le dos d'une petite cuillère pour qu'il repose à la surface. Garnir des rondelles d'orange et de citron, de la menthe fraîche et des cerises. Tant que vous y êtes, pourquoi ne pas ajouter un feu de Bengale, une ombrelle et un singe en plastique? Il existe un verre spécial pour servir le Zombie, mais vous pouvez aussi utiliser un verre à orangeade.

LE XÉRÈS

ADONIS

- **60 ml / 2 oz de xérès sec**
- **30 ml / 1 oz de vermouth doux**
- **2 traits d'angustura**
- **1 trait de bitter à l'orange (facultatif)**
- **1 tortillon d'écorce d'orange (pour garnir)**

Bien remuer dans un verre doseur contenant trois ou quatre glaçons. Filtrer dans un verre à cocktail et garnir de l'écorce d'orange.

Coronation

- *30 ml/1 oz de xérès sec*
- *30 ml/1 oz de vermouth sec*
- *90 ml/3 oz de vin blanc*
- *2 traits d'angustura*
- *1 trait de marasquin*
- *Remplir d'eau gazeuse froide*

Remuer avec de la glace concassée dans un verre doseur. Verser dans un verre à long drinks et remplir d'eau gazeuse.

Granada

- *60 ml/2 oz de xérès sec*
- *60 ml/2 oz de brandy*
- *30 ml/1 oz de curaçao à l'orange*
- *Remplir de tonic froid*
- *1 rondelle d'orange*

Remuer avec des glaçons dans un verre doseur, puis verser dans un verre à long drinks. Remplir de tonic et garnir de la rondelle d'orange.

Imelda

- *60 ml/2 oz de crème de xérès*
- *30 ml/1 oz de kirsch*
- *30 ml/1 oz de jus d'orange*
- *30 ml/1 oz de jus de citron*
- *Remplir de champagne frappé*
- *1 rondelle d'orange (pour garnir)*
- *1 rondelle de citron (pour garnir)*
- *1 cerise au marasquin (pour garnir)*

Dans un mixeur, mélanger tous les ingrédients, sauf le champagne, avec trois ou quatre glaçons. Verser dans une grande coupe ou dans un verre à long drinks et remplir de champagne. Garnir de fruits. Servi dans une pantoufle de verre, ce cocktail s'appelle un Imelda Marcos.

Sherry Cobbler

- *1 c. à thé de sirop de canne*
- *1 trait de grenadine*
- *1 trait de curaçao à l'orange*
- *90 ml/3 oz de xérès demi-sec*

Verser les ingrédients dans une grande coupe sur de la glace pilée. Verser d'abord le sirop de canne, puis la grenadine et le curaçao et, en dernier, le xérès. Remuer et garnir de fruits de saison comme le veut la tradition. D'excellents Cobbler peuvent aussi être préparés en remplaçant le xérès par du porto, du sauternes, des vins blancs légers ou encore du bordeaux rouge.

LA TEQUILA

CARABINIERI

- **45 ml / 1 ½ oz de tequila**
- **30 ml / 1 oz de Galliano**
- **15 ml / ½ oz de Cointreau**
- **90 ml / 3 oz de jus d'orange frais**
- **1 c. à thé de jus de lime**
- **1 jaune d'œuf**
- **1 rondelle de lime (pour garnir)**
- **2 cerises à cocktail (une rouge et une verte, pour garnir)**

Voici une salade de fruits à base de tequila, servie dans un verre. Le jaune d'œuf et le jus d'orange frais en font le cocktail idéal pour remplacer le petit déjeuner.

Agiter les ingrédients vigoureusement et filtrer dans un verre à orangeade, sur de la glace pilée. Donnez-lui de l'éclat avec la rondelle de lime et les cerises.

IMAGINATION

- **30 ml / 1 oz de tequila**
- **60 ml / 2 oz de curaçao à l'orange**
- **60 ml / 2 oz de lait à la noix de coco**
- **60 ml / 2 oz de crème fraîche (35%)**

Tout d'abord, acceptez mes excuses pour le nom épouvantable de ce cocktail. Peut-être n'oserez-vous pas le commander dans un bar bondé mais au moins, vous serez en mesure de vous en préparer un dans l'intimité. Ce que vous faites de vos temps libres ne regarde que vous, n'est-ce pas?

Bien agiter tous les ingrédients avec des glaçons, puis filtrer dans un grand verre sur de la glace pilée.

MARGARITA

- *1 quartier de lime*
- *Gros sel*
- *90 ml / 3 oz de tequila ambrée*
- *30 ml / 1 oz de triple sec*
- *60 à 90 ml / 2 à 3 oz de jus de lime*
- *1 rondelle de lime (pour garnir)*

Qu'y a-t-il de mieux que de savourer une Margarita glacée avec des amis après une journée d'enfer? Je me le demande.
La Margarita est un cocktail classique moderne délicieusement rafraîchissant, ayant un goût piquant et sophistiqué.
Givrer le bord d'un verre à margarita froid en glissant un quartier de lime autour du bord et en tournant le verre renversé dans une assiette contenant du gros sel. Agiter le reste des ingrédients dans un shaker rempli de glaçons, puis filtrer dans le verre au bord givré. Garnir d'une rondelle de lime.
Vous pouvez toujours utiliser de la tequila claire, connue sous le nom de tequila blanche ou silver, mais la tequila ambrée, qui tire sa teinte chaude d'un vieillissement d'au moins trois ans en fût de chêne, donnera une saveur plus moelleuse et plus riche.
Pour effacer tout doute, rappelez-vous le code des cocktails: mieux vaut utiliser ce qu'il y a de mieux pour obtenir le meilleur.
Pour composer une Margarita frappée, mélanger dans un mixeur la tequila, le triple sec, le jus de lime et de la glace concassée.

MAYAN WHORE

- **45 ml / 1 ½ oz de tequila**
- **90 ml / 3 oz de jus d'ananas froid**
- **Soda froid**
- **30 ml / 1 oz de kahlúa**

Sortez votre « niveau » pour préparer ce cocktail disposé en couches. Pour obtenir cet effet bizarrement zébré, verser d'abord la tequila dans un grand verre, puis le jus d'ananas. Ensuite, verser un peu de soda, et le kahlúa en dernier. Laisser les couches se former, puis sirotez à l'aide d'une paille. Je reconnais que le nom de ce cocktail est plutôt de mauvais goût, mais il faut bien dire qu'il glisse dans la gorge aussi vite que glissent les dessous d'une courtisane.

TEQUILA SHOTS

- **1 réfrigérateur rempli de tequila**
- **1 gros sac de sel**
- **1 sac de limes**
- **1 cuisine pleine de fêtards**
- **1 table**
- **1 enregistrement de Motorhead's Ace of Spades (facultatif)**
- **Absolument aucune décoration**

Verser une ration généreuse de tequila à chacun des participants et placer un peu de sel sur le dos de leur main. Demander innocemment l'heure. Replacer du sel sur la main de ceux qui l'auront fait tomber. Donner à chacun un quartier de lime. Lorsque Lemmy chante *I don't want to live forever*, tous lèchent en chœur le sel sur le dos de leur main, saisissent leur verre, boivent d'un trait leur tequila et mordent dans le quartier de lime.

TEQUILA SUNRISE

- **60 ml / 2 oz de tequila**
- **120 ml / 4 oz de jus d'orange frais**
- **30 ml / 1 oz de grenadine**
- **1 rondelle d'orange (pour garnir)**
- **1 cerise au marasquin (pour garnir)**

Après les efforts du rituel des Tequila Shots (voir ci-dessus), vous aimerez peut-être écouter les Eagles avant de vous laisser emporter par un Tequila Sunrise. Verser la tequila sur des glaçons dans un verre à long drinks. Ajouter le jus d'orange, puis laisser tomber la grenadine au centre du cocktail; celle-ci descendra graduellement jusqu'au fond. Garnir d'une rondelle d'orange et d'une cerise. Une variante, le Tequila Sunset, est composée de tequila ambrée, de jus de citron et de miel liquide.

LE VERMOUTH

ALFONSO

- **¹/₂ c. à thé de sucre**
- **60 ml / 2 oz de vermouth doux**
- **2 traits d'angustura**
- **Remplir de champagne frappé**
- **1 tortillon d'écorce de citron (pour garnir)**

Mettre trois ou quatre glaçons dans un verre à long drinks et saupoudrer de sucre. Verser le vermouth, ajouter l'angustura et bien remuer. Remplir avec le champagne et garnir du tortillon de citron.

AMERICAN BEAUTY

- **60 ml/2 oz de vermouth sec**
- **15 ml/½ oz de crème de menthe blanche**
- **60 ml/2 oz de jus d'orange**
- **60 ml/2 oz de brandy**
- **1 trait de grenadine**
- **1 c. à thé de porto**

Agiter tous les ingrédients, sauf le porto, avec un peu de glace pilée. Filtrer dans un grand verre à cocktail refroidi. Faire flotter le porto à la surface.

THE CLARIDGE

- **30 ml/1 oz de vermouth sec**
- **30 ml/1 oz de gin sec London**
- **15 ml/½ oz de Cointreau**
- **15 ml/½ oz d'eau-de-vie d'abricot**

Cet apéritif vous offre la vie luxueuse dans un verre et en plus il est excellent. Agiter avec des glaçons et filtrer dans un verre à cocktail. Cette recette a été tirée du livre *The Savoy Cocktail Book*.

DIABLO

- **45 ml/1 ½ oz de porto blanc sec**
- **30 ml/1 oz de vermouth doux**
- **1 trait de jus de citron**

Agiter les ingrédients avec des glaçons et filtrer dans un verre à cocktail refroidi.
Le Devil's Cocktail est une boisson tout aussi démoniaque. Suivez le même procédé en utilisant plutôt du porto rouge et du vermouth sec.

SOUL KISS

- **30 ml/1 oz de vermouth sec**
- **60 ml/2 oz de bourbon**
- **30 ml/1 oz de jus d'orange**
- **1 c. à thé de Dubonnet**

Agiter avec de la glace concassée et filtrer dans un verre à cocktail. Pour obtenir un Trocadero, remplacer le jus d'orange et le Dubonnet par un trait de bitter à l'orange et un trait de grenadine.

LA VODKA

BIKINI

- **90 ml / 3 oz de vodka**
- **30 ml / 1 oz de rhum blanc**
- **Le jus de ½ citron**
- **15 ml / ½ oz de lait**
- **5 ml / 1 c. à thé de sucre**

Agiter les ingrédients avec de la glace concassée. Filtrer dans un verre à cocktail refroidi.

Black Russian

- **90 ml / 3 oz de vodka**
- **30 ml / 1 oz de kahlúa**
- **Remplir avec le cola froid (facultatif)**

Verser la vodka et le kahlúa sur des glaçons dans un verre à long drinks ou une flûte à champagne et remuer. L'addition de cola donnera une saveur plus américaine à votre Black Russian.

Bloody Mary

- **90 ml / 3 oz de vodka**
- **120 ml / 4 oz de jus de tomate (ou plus, si désiré)**
- **15 ml / 1/2 oz de jus de citron (facultatif)**
- **15 ml / 1/2 oz de jus de lime (facultatif)**
- **1 trait de sauce Worcestershire (facultatif)**
- **Sel et poivre (facultatif)**
- **2 gouttes de sauce au piment fort (facultatif)**
- **1 branche de céleri (facultatif, pour garnir)**
- **1 rondelle de concombre (facultatif, pour garnir)**
- **1 rondelle de citron (facultatif, pour garnir)**

Le Bloody Mary est le champ de bataille de tous les amateurs de cocktail. Le seul point sur lequel tout le monde s'entend, c'est qu'il contient de la vodka et du jus de tomate. Pour préparer un Bloody Mary, agiter de la vodka et du jus de tomate avec des glaçons et servir dans un verre à long drinks. Ce n'est pas là le plus excitant des cocktails. Pour un goût vraiment épicé, je vous recommande l'addition de tous les suppléments ci-dessus, dans des proportions à la limite de ce que vous pouvez supporter. Selon moi, le parfait Bloody Mary est plus chaud que l'enfer et donne un coup de fouet. Garnir avec une combinaison de branche de céleri, de rondelles de concombre et de citron. Vous pouvez garnir le bord de votre verre avec du sel de céleri avant de commencer.

(Voir la recette de la Margarita à la page 50.) L'omission de la vodka donnera une boisson très relevée et non alcoolisée: le Virgin Mary. Allez à l'autre extrême et remplacez les 120 ml / 4 oz de jus de tomate par 60 ml / 2 oz de jus de tomate et 60 ml / 2 oz de bouillon de bœuf concentré, corsez le tout en ajoutant un petit piment chili très fort et vous obtiendrez un Bloodshot. Le Bullshot ne contient pas de jus de tomate. Un Bullshit contient seulement du jus de citron et de la sauce Worcestershire.

BLUE LAGOON

- **60 ml / 2 oz de vodka**
- **45 ml / 1 ½ oz de curaçao bleu**
- **15 ml / ½ oz de jus de citron**
- **Remplir d'eau gazeuse froide**
- **1 cerise à cocktail, bleue**

J'ai inclus ce cocktail dans mon livre uniquement pour que vous puissiez avoir l'opportunité d'être pris en photo avec une vodka bleue. Verser la vodka et le curaçao bleu sur des glaçons dans une grande coupe. Ajouter le jus de citron, remplir d'eau gazeuse et remuer. Piquer une cerise bleue sur un cure-dents en plastique bleu. Quelle merveille que tout ce bleu!

COSMOPOLITAN

- **60 ml / 2 oz de vodka (parfumée au citron)**
- **15 ml / ½ oz de triple sec**
- **30 ml / 1 oz de jus de canneberge**
- **1 trait de jus de lime frais**
- **1 zeste d'orange (pour garnir)**

Le Cosmopolitan est un cocktail diaboliquement branché. Agiter consciencieusement les ingrédients avec un peu de glaçons, puis verser au travers d'une passoire dans un verre à cocktail refroidi. Garnir d'un zeste d'orange.

FRESH FRUITINI

- **60 ml / 2 oz de vodka**
- **Quelques fruits frais de toutes sortes, coupés en tranches, dont quelques-uns pour garnir**
- **1 trait de sirop de canne**
- **2 traits de bitter à l'orange (facultatif)**

Ce style de Martini très populaire est un des cocktails les plus frais et les plus savoureux qu'il vous sera jamais donné de créer. Il est extrêmement facile à préparer et vous pouvez utiliser n'importe quelle sorte de fruit frais, bien que l'ananas et la fraise soient hautement recommandés. À l'aide du dos d'une cuillère, forcer les fruits en tranches au travers d'une fine passoire dans un shaker. Verser ensuite la vodka et le sirop de canne et agiter vigoureusement avec des glaçons. Filtrer dans un verre à cocktail refroidi garni de fruits.

GOLDEN TANG

- *120 ml/4 oz de vodka*
- *60 ml/2 oz de Strega*
  (liqueur italienne à base de fruits
  et de fines herbes)
- *30 ml/1 oz de jus d'orange*
- *30 ml/1 oz de crème de banane*

Agiter les ingrédients avec des glaçons et servir dans un verre à long drinks.

GRAND DUCHESS

- *90 ml/3 oz de vodka*
- *45 ml/1 1/2 oz de rhum brun*
- *45 ml/1 1/2 oz de jus de lime*
- *22,5 ml/3/4 oz de grenadine*

Agiter les ingrédients avec de la glace concassée et filtrer dans un verre à cocktail refroidi.

GREEN DEMON

- *45 ml/1 1/2 oz de vodka*
- *30 ml/1 oz de rhum clair*
- *30 ml/1 oz de liqueur de melon*
- *Remplir de limonade froide*
  (au goût)
- *1 petite tranche de melon d'eau*
- *1 cerise à cocktail verte*

Agiter tous les ingrédients, sauf la limonade, avec de la glace concassée. Servir dans une grande coupe, remplir de limonade et garnir d'une combinaison inhabituelle: melon d'eau et cerise verte.

HARVEY WALLBANGER

- *45 ml/1 1/2 oz de vodka*
- *30 ml/1 oz de Galliano*
- *Remplir de jus d'orange*
  fraîchement pressé froid
  (au goût)
- *1 rondelle de citron*
  (pour garnir)

Verser la vodka et le Galliano sur des glaçons dans un verre à long drinks. Remplir de jus d'orange fraîchement pressé et garnir d'une rondelle de citron. Remplacer la vodka par de la tequila donnera un Freddy Fudpucker.

KANGAROO

- **90 ml / 3 oz de vodka**
- **45 ml / 1 1/2 oz de vermouth sec**
- **1 tortillon d'écorce de citron (pour garnir)**

Remuer les ingrédients avec de la glace pilée, puis filtrer dans un verre à cocktail refroidi. Garnir de l'écorce de citron.

KATINKA

- **60 ml / 2 oz de vodka**
- **45 ml / 1 1/2 oz d'eau-de-vie d'abricot**
- **15 ml / 1/2 oz de jus de lime**
- **Menthe fraîche (pour garnir)**

Agiter les ingrédients vigoureusement et servir sur de la glace pilée dans un verre à cocktail. Garnir de menthe.

LONG ISLAND ICED TEA

- **30 ml / 1 oz de vodka**
- **30 ml / 1 oz de gin**
- **30 ml / 1 oz de tequila**
- **30 ml / 1 oz de rhum clair**
- **90 ml / 3 oz de cola refroidi**
- **30 ml / 1 oz de jus de lime**
- **15 ml / 1/2 oz de Cointreau**
- **1 c. à thé de sirop de canne**
- **1 rondelle de citron (pour garnir)**
- **Feuilles de menthe fraîche (pour garnir)**

Comme vous pouvez le constater, le Long Island Iced Tea aurait tout aussi bien pu joyeusement apparaître dans les sections gin, tequila ou rhum de ce livre. Ce cocktail est idéal pour les buveurs indécis, ce qui pourrait expliquer sa grande popularité. Ou peut-être pas. Verser les ingrédients sur des glaçons dans un verre à long drinks. Remuer vivement et garnir de la rondelle de citron et de la menthe fraîche.

Moscow Mule

- **60 ml / 2 oz de vodka**
- **30 ml / 1 oz de jus de lime**
- **Remplir de limonade au gingembre ou de ginger ale froid**
- **1 rondelle de lime (pour garnir)**

Le Moscow Mule est un cocktail vraiment branché. Il l'est quand même moins que les cocktails contenant du Kümmel ou du Parfait Amour. Remuer la vodka et le jus de lime dans un verre à long drinks rempli à moitié de glaçons. Remplir de limonade au gingembre ou de ginger ale. Garnir d'une rondelle de lime.

Ninitchka

- **90 ml / 3 oz de vodka**
- **60 ml / 2 oz de crème de cacao**
- **30 ml / 1 oz de jus de citron**

Agiter avec de la glace concassée et filtrer dans un verre à cocktail refroidi. Si vous ajoutez quelques traits de grenadine, ce que j'essaie d'éviter le plus souvent possible, vous obtiendrez un autre cocktail bien assorti à consonnance russe, un Kretchma.

Road Runner

- **60 ml / 2 oz de vodka**
- **30 ml / 1 oz d'amaretto**
- **30 ml / 1 oz de lait de noix de coco**
- **1 pincée de noix de muscade râpée**

Bip! Bip! Verser les ingrédients dans un shaker avec de la glace concassée et agiter aussi fort que vous le pouvez. Filtrer dans un verre à cocktail et saupoudrer de muscade. Lever votre verre au nom de tous les pauvres coyotes du monde.

SALTY DOG

- **Jus de citron**
- **Gros sel**
- **60 ml / 2 oz de vodka**
- **Remplir de jus de pamplemousse frais froid (au goût)**
- **1 quartier de citron (pour garnir)**

Voici la réponse de la vodka à la Margarita. La vodka est souvent la réponse à tout puisqu'elle est polyvalente. Je réfute entièrement la présomption selon laquelle la vodka serait sans goût. Selon moi, la vodka goûte toujours curieusement la vodka, de la même façon que le gin goûte étrangement le gin. Mais je suppose que si vous êtes le genre de personne à croire que le noir et le blanc ne sont pas des couleurs, vous croirez aussi que la vodka est la seule et unique substance de toute la création à ne rien goûter du tout.

Givrer le bord d'un verre à long drinks en utilisant du jus de citron et du gros sel (voir la recette de la Margarita à la page 50). Remplir votre verre à moitié de glaçons et ajouter la vodka. Remplir de jus de pamplemousse au goût. Ajouter le quartier de citron pour donner un peu plus de piquant à votre jus de pamplemousse.

SEA BREEZE

- **60 ml / 2 oz de vodka**
- **Remplir d'une quantité égale de jus de canneberge et de jus de pamplemousse (je préfère une plus grande quantité de jus de canneberge)**
- **1 rondelle d'orange ou 1 quartier de citron (pour garnir)**

Ce cocktail pourrait être encore plus branché que le Moscow Mule. La douceur du jus de canneberge se marie parfaitement avec le goût âpre du jus de pamplemousse ponctué d'un coup de vodka. Cela forme dans votre verre une journée ensoleillée, et prouve que les cocktails n'ont pas besoin d'être compliqués pour être jouissifs. Verser la vodka sur des glaçons dans un verre à long drinks. Remplir de jus de canneberge et de jus de pamplemousse froids. Remuer, garnir d'une rondelle d'orange et se détendre.

En remplaçant le jus de pamplemousse par du schnaps à la pêche, vous obtiendrez un cocktail d'un nom pas si bête que ça: un Woo Woo.

Volga Boatman

- **90 ml / 3 oz de vodka**
- **30 ml / 1 oz de kirsch**
- **30 ml / 1 oz de jus d'orange**

Agiter avec de la glace concassée et filtrer dans un verre à cocktail refroidi. Ce cocktail a été nommé en l'honneur du fleuve le plus long d'Europe, la grande Volga (3 689 km), qui prend sa source dans la chaîne de montagnes de Valdaï en Russie occidentale, et coule majestueusement jusqu'à la mer Caspienne dans le sud, via le port de Volgograd. Non, il ne tient pas son nom d'un marin russe obsédé par le salaire que le reste de l'équipage gagnait.

White Russian

- **60 ml / 2 oz de vodka**
- **30 ml / 1 oz de kahlua**
- **60 ml / 2 oz de crème fraîche (35%)**
- **Noix de muscade râpée et chocolat râpé (pour garnir)**

Si vous croyez vraiment que la vodka n'a aucun goût (voir la recette du Salty Dog, à la page précédente), ne perdez pas votre temps avec un Black Russian ou un White Russian.

Agiter les ingrédients avec des glaçons jusqu'à ce que vous ne puissiez presque plus voir clairement. Servir dans un verre à long drinks et saupoudrer la muscade râpée et le chocolat râpé sur le dessus. Ce cocktail est crémeux et magnifique.

LE WHISKY

Barbary Coast

- **60 ml / 2 oz de scotch**
- **30 ml / 1 oz de gin**
- **30 ml / 1 oz de crème de cacao**
- **30 ml / 1 oz de crème fraîche (35%)**
- **Noix de muscade râpée ou chocolat râpé (pour garnir)**

Ce cocktail à la crème commence avec éclat notre section sur le whisky. Agiter avec de la glace concassée et filtrer dans un verre à cocktail refroidi. Garnir d'une pincée de muscade ou de chocolat râpé.

BROOKLYN

- **90 ml / 3 oz de bourbon**
- **30 ml / 1 oz de vermouth sec**
- **1 trait d'Amer Picon (liqueur française amère)**
- **1 trait de liqueur au marasquin**

Prétendument inventé pour la première fois au *St George Hotel* à Brooklyn, ce cocktail, grâce à l'ajout du marasquin, est une version légèrement plus douce que celle de son grand frère qui a plus d'aplomb, le Manhattan. Il peut être agité ou remué avec de la glace concassée. Servir dans un verre à cocktail refroidi.

BOURBON COCKTAIL

- **60 ml / 2 oz de bourbon**
- **15 ml / $1/2$ oz de curaçao à l'orange**
- **15 ml / $1/2$ oz de Bénédictine**
- **30 ml / 1 oz de jus de citron**
- **1 trait d'angustura**
- **1 rondelle d'orange (facultatif, pour garnir)**

Comment ce livre pourrait-il ne pas inclure la recette du Bourbon Cocktail? Bien agiter les ingrédients avec de la glace concassée et filtrer dans un verre à cocktail refroidi. Garnir d'une rondelle d'orange.

CANADIAN COCKTAIL

- **60 ml / 2 oz de bourbon**
- **2 traits de curaçao à l'orange**
- **1 trait d'angustura**
- **$1/2$ c. à thé de sirop de canne (au goût)**
- **1 zeste de citron**

Agiter les ingrédients avec de la glace concassée. Filtrer dans un verre à cocktail et presser au-dessus un zeste de citron, le côté peau vers le bas. Si vous le désirez, laissez tomber nonchalamment l'écorce à l'intérieur. Étonnant n'est-ce pas? Le

Canadian Cocktail ne contient aucun whisky canadien. En vérité, le whisky canadien fait un peu tapisserie posée près de la piste de danse au club des cocktails. Le plus sociable des mixeurs pourrait l'inviter à danser quitte à noyer sa légèreté de corps et de saveur. Bien que peut-être, avec des tendances vers des styles plus légers (regardez comment la vodka s'est imposée dans les soirées), le whisky canadien pourrait apprendre quelques nouveaux pas. Tout n'est cependant pas perdu, voici comment composer un Carlton Cocktail.

CARLTON COCKTAIL

- **60 ml/2 oz de whisky canadien**
- **30 ml/1 oz de curaçao à l'orange**
- **30 ml/1 oz de jus d'orange frais**
- **1 rondelle de citron (facultatif, pour garnir)**

Agiter les ingrédients avec de la glace concassée et filtrer dans un verre à cocktail refroidi. Garnir d'une rondelle de citron.

FLYING SCOTSMAN

- **60 ml/2 oz de scotch**
- **60 ml/2 oz de vermouth doux**
- **1 trait d'angustura**
- **1 trait de sirop de canne (ou au goût)**

Voici un scotch adouci pour ceux qui pourraient trouver le scotch disons trop corsé.
Remuer minutieusement les ingrédients avec des glaçons et filtrer dans un verre à cocktail refroidi.

FRISCO

- **60 ml/2 oz de bourbon**
- **15 ml/½ oz de Bénédictine**
- **1 zeste de citron (pour garnir)**

Remuer les ingrédients avec de la glace concassée et filtrer dans un verre à cocktail refroidi. Garnir d'un zeste de citron. La Bénédictine est composée d'une recette secrète à base d'herbes et d'épices, que l'on dit être à base de brandy. Elle fut créée aux environs de 1510 au monastère de Bénédictine, à Fécamp, dans le nord de la France, un endroit qui vaut la peine d'être visité. Son architecture du genre Disneyland et Famille Addams est une pure fantaisie gothique. Curieusement, cette liqueur fut très populaire dans les clubs de la classe ouvrière du Lancashire, au nord de l'Angleterre, après que des soldats natifs de cet endroit eurent stationné à Fécamp durant la Première Guerre mondiale.

GLOOM LIFTER

- **60 ml/2 oz de whisky irlandais**
- **15 ml/½ oz de jus de citron**
- **1 c. à thé de sirop de canne**
- **1 blanc d'œuf**
- **1 c. à thé de brandy (facultatif)**
- **1 trait de grenadine (facultatif)**
- **1 trait de sirop de framboise (facultatif)**

Voici enfin une occasion de s'amuser avec du whisky irlandais. Agiter avec de la glace concassée et filtrer dans un grand verre à cocktail refroidi.

Horse's Neck (with a kick)

- **90 ml / 3 oz de bourbon, de whisky de seigle, de scotch, ou de whisky irlandais**
- **1 citron**
- **Remplir de ginger ale froid**

Il est inhabituel de trouver un cocktail qui tire son nom d'une garniture utilisée pour une boisson sans alcool. La version originale, le Horse's Neck, est une boisson estivale rafraîchissante non alcoolisée. Pour le préparer, peler d'abord un citron entier en une seule spirale et la faire pendre au bord d'un verre à orangeade, la plus longue partie à l'intérieur du verre. Ajouter quelques glaçons, puis remplir de ginger ale pétillant.

Pour composer un Horse's Neck (with a kick), prendre les ingrédients énumérés ci-haut, en versant le whisky avant le ginger ale. Du gin, du rhum, de l'applejack... presque tous les spiritueux peuvent être utilisés. Mais le meilleur mariage avec le ginger ale reste, selon moi, le whisky.

Irish Cocktail

- **60 ml / 2 oz de whisky irlandais**
- **6 traits de crème de menthe**
- **3 traits de chartreuse verte**
- **1 cerise verte et 1 cerise rouge (pour garnir)**

Évidemment, ce cocktail est vert émeraude. Il est aussi frais, mentholé et délicieux. Agiter les ingrédients et filtrer dans un verre à cocktail refroidi. Garnir des cerises rouge et verte.

Ladies' Cocktail

- **60 ml / 2 oz de bourbon**
- **1 c. à thé de Pernod**
- **1 c. à thé d'anisette**
- **3 traits d'angustura**
- **1 rondelle d'ananas**

Comme Barry White le disait si bien, ce cocktail est pour les dames. Remuer les ingrédients dans un verre doseur avec quelques glaçons concassés. Filtrer dans un verre à cocktail refroidi et garnir de l'ananas.

MANHATTAN

- **90 ml / 3 oz de whisky de seigle ou de bourbon**
- **45 ml / 1 ¹/₂ oz de vermouth doux**
- **2 traits d'angustura**
- **1 cerise au marasquin (pour garnir)**

Tout comme pour le Dry Martini (voir page 28), les connaisseurs s'enflamment facilement au sujet de la « véritable » recette du Manhattan. Saviez-vous que, chaque année, plus de New-Yorkais sont assassinés lors d'une dispute au sujet de ces deux cocktails qu'au sujet de tous les autres cocktails réunis? Le whisky de seigle est plus communément utilisé que le bourbon pour la composition des Manhattan, mais le choix vous revient. Remuer minutieusement les ingrédients avec des glaçons dans un verre doseur et filtrer dans un verre à cocktail refroidi. Garnir d'une cerise au marasquin. Voilà! Pour un Dry Manhattan, remplacer le vermouth doux par du vermouth sec et peut-être la cerise par un zeste de citron. Certains préfèrent une olive, mais ce choix ne me convainc pas.

Un French-Style Manhattan se prépare avec du vermouth sec et un trait de Cointreau. Ceux qui préfèrent un Manhattan à base de scotch peuvent l'avouer maintenant. Vous pouvez appeler ce cocktail un Rob Roy. Il est aussi permis d'ajouter au Manhattan ordinaire quelques cuillerées à thé de jus de lime et quelques traits de curaçao à l'orange, mais seulement si vous désirez boire un Grand Slam. Considérez ces appellations si vous ne voulez pas vous faire reprendre par les spécialistes des cocktails.

MILLIONAIRE

- **1 c. à thé de grenadine**
- **1 c. à thé de sirop de framboise**
- **30 ml / 1 oz de curaçao à l'orange**
- **1 blanc d'œuf**
- **90 ml / 3 oz de whisky de seigle, de bourbon, de scotch ou de whisky irlandais**

Agiter la grenadine, le sirop de framboise, le curaçao et le blanc d'œuf avec de la glace concassée. Ajouter le whisky et agiter de nouveau. Servir dans un verre à cocktail refroidi.

MINT JULEP

- **1 c. à thé de sirop de canne**
- **6 feuilles de menthe fraîche (jeunes, petites et tendres), dont 3 pour garnir**
- **1 trait d'angustura (facultatif)**
- **90 ml / 3 oz de bourbon**
- **Beaucoup de glace pilée**
- **1 c. à thé de sucre glace**
- **1 serviette en papier**
- **1 paille**
- **1 c. à thé de bourbon ou de rhum (facultatif)**

Le Mint Julep est un cocktail très long et rafraîchissant. Donc, selon la taille et la fraîcheur que vous désirez obtenir, utiliser un verre à orangeade ou à long drinks. Peu importe votre choix, c'est une excellente idée de mettre votre verre au réfrigérateur pendant un certain temps pour le refroidir. Placer le sirop de canne et trois feuilles de menthe dans un verre doseur avec, si vous le désirez, un trait d'angustura. Froisser délicatement les feuilles de menthe à l'aide

du dos d'une cuillère de bar. Ne pas les pulvériser, cela pourrait libérer une saveur amère et désagréable. Verser le bourbon et remuer délicatement de nouveau. Remplir presque tout le verre choisi de glace pilée très fine. Rappelez-vous le principe d'Archimède, et laissez un peu d'espace pour vous permettre d'ajouter votre mélange à la menthe. Bien remuer. Pour garnir, rincer les trois dernières feuilles de menthe et les tremper dans le sucre glace. Couper la base des queues afin de permettre un lent écoulement de jus de menthe dans votre cocktail. La serviette en papier et la paille vous permettent de tenir votre Mint Julep et de le boire sans réchauffer le verre. Ce n'est pas tout. Certaines personnes aiment laisser flotter une cuillerée à thé de bourbon ou de rhum à la surface de leur Julep. L'un des premiers écrits sur le Mint Julep fut rédigé par un Anglais, le capitaine Maryatt, qui, en 1815, visita un riche planteur dans le sud des États-Unis. On lui servit le prototype des Mint Julep qui était alors à base de brandy (Oh! Quel choc!), d'eau-de-vie de pêche, de bordeaux rouge ou de madère. Ce fut seulement lorsque la guerre de Sécession éclata que l'usage du bourbon devint convenable et patriotique. Soit dit en passant, le mot Julep provient du mot persan *gulab*, signifiant une boisson au goût agréable similaire à l'eau de rose dans laquelle on diluait des médicaments au goût ignoble.

les cocktails au whisky

OLD-FASHIONED

- **1 c. à thé de sirop de canne**
- **2 traits d'angustura**
- **90 ml / 3 oz de whisky de seigle ou de bourbon**
- **1 trait de curaçao à l'orange (facultatif)**
- **Remplir d'eau gazeuse (facultatif)**
- **1 zeste de citron (pour garnir)**
- **1 zeste d'orange (pour garnir)**
- **1 cerise au marasquin (facultatif, pour garnir)**

Voici un autre cocktail qui a provoqué, dans des bars, des batailles à coups de bouteilles d'eau de Seltz et de seau à glace. Tout cela n'est vraiment pas nécessaire. Ce cocktail classique possède un verre à son nom. Il est donc suffisamment sûr de lui pour se permettre d'être un peu interprété.

Le secret de sa réussite est dans la façon de le remuer. Ainsi, le Old-Fashioned vous permettra de développer vos poignets. Verser le sirop de canne et l'angustura dans un verre à whisky. Les mélanger à l'aide d'une cuillère de bar, ajouter 30 ml / 1 oz de whisky et remuer de nouveau. Ajouter deux ou trois gros glaçons concassés et remuer encore. Verser les 60 ml / 2 oz de whisky restant. Remuer de plus belle. Certains pensent qu'un trait ou deux de curaçao à l'orange améliorera ce cocktail. Vous risquez cependant de choquer certains puristes en ajoutant une larme d'eau gazeuse. Garnir avec n'importe quelle combinaison d'orange et de citron, et peut-être même d'une cerise au marasquin.

RATTLESNAKE

- **60 ml / 2 oz de whisky de seigle**
- **15 ml / ½ oz de Pernod**
- **Le jus de ½ citron**
- **½ c. à thé de sucre glace**
- **1 blanc d'œuf**

Agiter avec de la glace concassée jusqu'à ce que le mélange soit plutôt mousseux et filtrer dans un verre à cocktail refroidi. Voilà un cocktail qui a du mordant, grâce au mélange Pernod et jus de citron.

RUSTY NAIL

- **60 ml / 2 oz de scotch**
- **30 ml / 1 oz de Drambuie**
- **1 spirale de zeste de citron (pour garnir)**

L'association naturelle scotch whisky et liqueur de Drambuie est populaire chez les amateurs de whisky à travers le monde. Verser le scotch, puis le Drambuie dans un verre à whisky. Ajouter quelques glaçons et garnir le cocktail d'un zeste de citron. Le même mélange peut être remué dans un verre doseur et servi sur de la glace pilée dans un verre à long drinks.

Le Drambuie est un mélange à base de scotch whisky, de miel de bruyère, de fines

herbes et d'épices. Il date de 1745 et son nom provient du terme gaélique *an dram buidheach* qui signifie « la boisson qui satisfait ».

Scotch Solace

- **90 ml / 3 oz de scotch**
- **30 ml / 1 oz de triple sec**
- **1 c. à thé de miel liquide**
- **60 ml / 2 oz de crème fraîche (35%)**
- **Remplir de lait (au goût)**
- **1 pincée de noix de muscade râpée (facultatif, pour garnir)**
- **1 zeste d'orange ou de citron (facultatif, pour garnir)**

Voici l'une des rares recettes qui réunit du whisky et de la crème. Verser le scotch et le triple sec dans un verre à long drinks rempli de glaçons. Ajouter le miel, puis la crème et le lait. Si désiré, lui donner un coup de fouet en le saupoudrant de muscade râpée ou en le garnissant d'un zeste d'orange ou de citron.
Cette recette est une parente du Hot Toddy qui soulage les symptômes du rhume. Verser 45 ml/1 ½ oz de scotch et 15 ml/½ oz de jus de citron dans un verre à whisky. Remplir d'eau bouillante et ajouter une cuillerée à thé de sucre, deux clous de girofle et une généreuse pincée de cannelle moulue.

Ward Eight

- **60 ml / 2 oz de bourbon**
- **30 ml / 1 oz de jus de citron**
- **30 ml / 1 oz de jus d'orange**
- **1 trait de grenadine**

Agiter avec de la glace concassée et filtrer dans un verre à cocktail refroidi. Servie sur beaucoup de glace pilée, dans un verre à long drinks, cette préparation se transforme en un long cocktail délicieux.

Whiskey Sour

- **90 ml / 3 oz de scotch, de whisky irlandais, de whisky de seigle, ou de bourbon (seulement un de ceux-ci, pas tous à la fois)**
- **22,5 ml / ¾ oz de jus de citron**
- **1 ½ c. à thé de sirop de canne**
- **2 traits d'angustura (facultatif)**
- **1 tortillon d'écorce de citron (pour garnir)**

Voici l'original. Agiter les ingrédients avec de la glace concassée et filtrer dans un verre à whisky ou encore dans un verre à cocktail. Rehausser d'un tortillon d'écorce de citron. N'oubliez surtout pas que le jus de citron frais fait toute la différence.

LE VIN

OPERATOR

- **Vin blanc sec**
- **1 c. à thé de jus de lime**
- **Remplir de ginger ale froid**
- **1 rondelle de citron ou de lime (pour garnir)**

Un rafraîchissement instantané durant la saison d'été, tout de même plus intéressant qu'un Spritzer nature. Verser le vin blanc sur quelques glaçons dans un verre à long drinks. Ajouter le jus de lime et remplir de ginger ale. Garnir d'une rondelle de citron ou de lime.

SANGRIA

- **1 bouteille de vin rouge sec, espagnol de préférence**
- **90 ml/3 oz de brandy**
- **60 ml/2 oz de curaçao à l'orange**
- **90 ml/3 oz de jus d'orange**
- **90 ml/3 oz de jus de citron**
- **2 c. à thé de sucre glace**
- **Remplir d'eau gazeuse froide (facultatif)**
- **1/2 orange, en fines tranches (pour garnir)**
- **1/2 pomme, en fines tranches (pour garnir)**

Voici une façon spectaculaire de présenter ce vin espagnol. Pour quatre personnes: dans un grand pichet remuer tous les ingrédients, sauf l'eau gazeuse, avec beaucoup de glaçons. Vous aimerez peut-être le remplir d'eau gazeuse, si vous n'avez pas utilisé trop de glaçons. Garnir de fruits en fines tranches.

WHITE WINE COOLER

- **150 ml/5 oz de vin blanc sec**
- **30 ml/1 oz de brandy**
- **1/2 c. à thé de sirop de canne**
- **1 trait d'angustura**
- **1 trait de Kümmel**
- **Remplir de soda froid**
- **1 petite lamelle de pelure de concombre (pour garnir)**

Agiter les ingrédients avec de la glace concassée et servir dans un verre à long drinks ou dans une grande coupe. Remplir de soda. Garnir de concombre.

LES AUTRES
SPIRITUEUX

APPLEJACK FIZZ

- **90 ml / 3 oz d'applejack (calvados)**
- **Le jus de 1/2 citron**
- **1 c. à thé de sirop de canne**
- **1 rondelle d'orange (pour garnir)**
- **1 cerise au marasquin (pour garnir)**

Selon l'endroit, ce cocktail est connu soit sous le nom de Applejack Fizz soit sous le nom de Calvados Sour.

Agiter les ingrédients avec des glaçons et filtrer dans un petit verre. Garnir d'une orange et d'une cerise.

AQUAVIT CLAM

- **90 ml / 3 oz d'aquavit**
- **60 ml / 2 oz de jus de palourdes et 60 ml / 2 oz de jus de tomate (ou 120 ml / 4 oz de jus de palourdes et tomate)**
- **1 c. à thé de jus de citron**
- **Sauce Worcestershire, sel et sauce au piment fort, au goût**

L'aquavit, qui provient de Scandinavie, est distillé à partir de grains ou de pommes de terre. La graine de carvi lui donne presque toute sa saveur. L'aquavit est habituellement servi dans des verres refroidis et bu glacé, d'un seul trait. Cette recette doit vous faire penser à un Bloody Mary à saveur de poisson, mais faites-moi confiance. Remuer les ingrédients dans un verre doseur. Servir dans un verre droit avec beaucoup de glaçons.

CAIPIRINHA

- **120 ml / 4 oz de cachaça**
- **1 lime**
- **2 c. à thé de sucre**

Le cachaça est un spiritueux clair à base de sirop de canne qui provient du Brésil et que l'on retrouve aussi bien en Scandinavie qu'en Amérique du Sud. En gros, il s'agit presque d'une sorte de rhum. Le Caipirinha, le cocktail dans lequel on utilise le plus souvent du cachaça, a un goût très plaisant de limes sucrées, mais respectez bien ses proportions. J'ai eu le plaisir de déguster un jour quelques Caipirinha dans un bar à Madrid et d'avoir l'impression d'être en plein cœur de Rio. Dans ce cocktail, la lime n'est pas qu'une garniture. Elle en est une partie intégrante.

Couper la lime en huit morceaux et les mettre dans un verre solide. Ajouter le sucre et écraser à l'aide d'un pilon. Y verser le cachaça et ajouter quelques glaçons. Je vous recommande vivement d'essayer ce cocktail.

PIMMS

- **60 ml / 2 oz de Pimms n° 1 (à base de gin)**
- **Remplir de limonade, d'eau gazeuse, ou de ginger ale froid**
- **1 rondelle de citron (pour garnir)**
- **1 rondelle d'orange (pour garnir)**
- **1 petite lamelle de pelure de concombre (pour garnir)**
- **1 brin de menthe (pour garnir)**

Ce cocktail, une véritable mine d'or, est maintenant offert en boîtes.

Verser le Pimms n° 1 sur des glaçons dans un verre à long drinks. Remplir de limonade, d'eau gazeuse ou de ginger ale. Garnir des rondelles de fruits, de la pelure de concombre et de la menthe fraîche.

PISCO SOUR

- **1 c. à thé de sirop de canne ou de sucre glace**
- **30 ml / 1 oz de jus de citron**
- **120 ml / 4 oz de Pisco**
- **1 rondelle de citron (pour garnir)**

Cette recette s'inscrit aussi dans le thème sud-américain du Caipirinha. Comme pour le Caipirinha, méfiez-vous du goût citronné apparemment inoffensif de ce cocktail. Ses proportions dénotent sa force.

Le Pisco, pour les non-initiés, est un brandy clair provenant du Chili ou du Pérou. Il est clair car, contrairement à la plupart des brandys, il n'est pas vieilli en fût, et c'est du fût (en plus d'une addition de caramel) que le brandy tire sa couleur. Dans certaines régions, bien que cela soit de plus en plus rare, le Pisco est encore conservé dans des cruches de terre cuite enfouies dans le sol.

Si vous n'avez pas de verres à Sour, des verres à long drinks seront suffisants pour ce cocktail. Dans le verre choisi, faire dissoudre le sirop de canne ou le sucre glace dans le jus de citron. Verser le Pisco et remuer. Ajouter trois ou quatre glaçons et remuer de nouveau. Garnir d'une rondelle de citron.

YELLOW FINGERS

- **30 ml / 1 oz de Southern Comfort**
- **15 ml / 1/2 oz de Galliano**
- **30 ml / 1 oz de vodka**
- **30 ml / 1 oz de jus d'orange**
- **Remplir de limonade froide**
- **1 rondelle d'orange (pour garnir)**

Voilà l'occasion de mélanger la saveur de pêche du Southern Comfort au goût de réglisse du Galliano.

Agiter minutieusement les ingrédients avec quelques glaçons et verser dans un verre à long drinks. Remplir de limonade et garnir d'une rondelle d'orange.

LES COCKTAILS
NON ALCOOLISÉS

Boo Boo's Special

- **90 ml/3 oz de jus d'ananas**
- **90 ml/3 oz de jus d'orange**
- **15 ml/1/2 oz de jus de citron**
- **1 trait de grenadine**
- **1 trait d'angustura**
- **Remplir d'eau froide (pétillante, si préférée)**
- **1 pointe d'ananas (pour garnir)**
- **1 cerise au marasquin (pour garnir)**

Bien agiter les jus de fruits, la grenadine et l'angustura, puis verser sur des glaçons dans un verre à long drinks ou à orangeade. Remplir d'eau et garnir d'une pointe d'ananas et d'une cerise au marasquin. Ce cocktail est aussi bon qu'il en a l'air.

CARDINAL PUNCH

- **120 ml/4 oz de jus de canneberge**
- **60 ml/2 oz de jus d'orange**
- **30 ml/1 oz de jus de citron**
- **Remplir de ginger ale froid**
- **Rondelles d'orange et de citron (pour garnir)**

Verser les jus de fruits dans un verre à cocktail et remuer avant de remplir de ginger ale. Garnir le bord du verre de rondelles d'orange et de citron.

NURSERY FIZZ

- **120 ml/4 oz de jus d'orange**
- **120 ml/4 oz de ginger ale**
- **1 rondelle d'orange (pour garnir)**
- **1 cerise au marasquin (pour garnir)**

Voici la preuve que la simplicité peut être sensationnelle. Verser le jus d'orange et le ginger ale dans une grande coupe. Garnir de la rondelle d'orange et de la cerise.

MULLED GRAPE AND APPLE PUNCH

- *1 sachet d'infusion aux pommes*
- *2 clous de girofle*
- *1 bâton de cannelle*
- *150 ml / 5 oz d'eau bouillante*
- *1 pincée de noix de muscade râpée*
- *90 ml / 3 oz de jus de pomme*
- *90 ml / 3 oz de jus de raisin*
- *1 bâton de cannelle (pour garnir)*
- *Fines tranches de pomme (pour garnir)*

Une façon agréable de vous réchauffer en hiver sans prendre d'alcool. Mettre le sachet d'infusion dans un pichet à l'épreuve de la chaleur, puis ajouter les clous de girofle et la cannelle. Verser l'eau et laisser infuser 5 minutes. Retirer le sachet d'infusion et les épices. Saupoudrer de muscade, puis ajouter les jus de fruits. Verser dans une coupe à l'épreuve de la chaleur. Servir garni d'un bâton de cannelle pour mélanger et de tranches de pomme.

PRINCESS MARGARET

- *6 grosses fraises*
- *1 rondelle d'ananas*
- *Le jus de ½ orange*
- *Le jus de ½ citron*
- *2 traits de sirop de fraise*
- *Sucre*

Mélanger les ingrédients avec quelques glaçons concassés dans un mixeur jusqu'à ce que le tout soit mousseux. Couronner cette extravagance royale en la servant dans un verre à long drinks ayant le bord givré d'un sirop de fraise. Garnir d'une fraise.

ROSY PIPPIN

- *120 ml/4 oz de jus de pomme*
- *1 c. à thé de jus de citron*
- *1 trait de grenadine*
- *Remplir de ginger ale froid*
- *1 tranche de pomme*

Verser les ingrédients dans un verre à long drinks avec quelques glaçons et remuer. Remplir de ginger ale et garnir de la tranche de pomme.

TEMPERANCE MOCKTAIL

- *Le jus de 1 citron*
- *1 jaune d'œuf*
- *2 traits de grenadine*
- *1 cerise au marasquin (pour garnir)*

Il n'existe pas d'autre façon, pour conclure un livre sur les cocktails américains, que de faire un rappel rafraîchissant du temps de la prohibition. Agiter minutieusement les ingrédients avec des glaçons et filtrer dans un verre à cocktail refroidi. Garnir d'une cerise au marasquin. À votre santé!

REMERCIEMENTS

Les éditeurs aimeraient remercier les personnes suivantes pour leur aide à la conception de cet ouvrage.

THE OCEAN ROOMS, BRIGHTON
Pour avoir fourni et mis à notre disposition un approvisionnement des différentes boissons alcoolisées requises pour confectionner les cocktails, ainsi que les instruments et l'équipement indispensables à leur réalisation, tels que vous les avez vus sur les photographies.
Et aussi pour nous avoir référé leur excellent barman, Phil Harradence, qui a mélangé et agité tous ces cocktails.

DIVERTIMENTI, LONDON
Pour avoir fourni l'équipement photographique nécessaire à la réalisation des pages 8 à 10 du chapitre *La trousse à cocktails indispensable.*

index